Cómo Vender Tus Libros
En Todas Las Plataformas
2024
Daniel Carballo

Cómo Vender Tus Libros en todas las Plataformas

Daniel Carballo

Published by Daniel Carballo, 2022.

CÓMO VENDER TUS LIBROS EN TODAS LAS PLATAFORMAS

First edition. December 15, 2022.

Copyright © 2022 Daniel Carballo.

ISBN: 979-8223253969

Written by Daniel Carballo.

Tabla de Contenido

Dedication

Estimado/a: Hay una actualización a este manual de trabajo. Intentaré brevemente explicarme. Como dije en el libro, todo cambia, y ese cambio es recurrente. Draft, en mayo de 2023, ha incorporado la publicación de libros digitales como se comentó, lo nuevo, es que ahora se puede cargar no solo la versión digital, también en papel, y como si fuera poco, en audiolibro, todo en un mismo proceso; se han añadido también otras empresas de distribución que antes no estaban. El pequeño inconveniente es que la plataforma se encuentra en inglés, de momento, todo cambia. Recomiendo dos temas aquí, uno es que realices tu araña de ventas como se explica en el manual, no te olvides de tu página web, y que visites la mía, dejo allí, un video actualizado donde te explico el nuevo proceso; está oculto, solo se accede desde mi webpage.

Muchas gracias.

Este libro está dedicado a ti.

Abrazo grande.

Capítulo 1

Puede parecer obvio, pero lo primero es tener un libro escrito antes de lanzarte. La temática es por supuesto a tu gusto personal. La inscripción en múltiples plataformas es necesaria, nombro las que se tratan aquí: «Ama;)zon», y Draft, **para publicar tus ventas**, y Payo-neer, **para cobrarlas.** Aquí vienen las promociones: 1) Youtube, 2) tu página Web dentro del mismo Google, 3) y el antiquísimo Blog, 4) más las redes sociales populares, Face e Insta. A esta estructura anidada la llamaremos, «La Araña».

Aclaro, no es un error «Ama;)zon, ni Payo-neer», sucede que **si los escribo bien no me permiten publicar en todas las plataformas** ni en formato audiolibro, ya llegaremos hasta allí. <u>No se permite que se nombren a otros competidores</u>, esa es la cuestión.

Para entrar en tema, pon a prueba esta estructura. En tu navegador preferido, puede ser cualquiera, la gracia justamente es que seas localizado en todos ellos; busca lo siguiente: «Daniel Carballo Escritor». Hazlo, verás mi araña con tus propios ojos.

Si ya lo hiciste, demos otro paso. En nuestro recorrido vamos a encontrar páginas o plataformas que están en inglés, <u>no es necesario saber el idioma.</u> También hay que llenar formularios para cobrar las ventas, te diré como llenarlos, pero hay que saber de antemano que las cosas cambian, seguramente ya te has dado cuenta, se trata de «Políticas de privacidad» de cada empresa. Las plataformas añaden o quitan opciones en sus servicios, y suelen incrementar sus comisiones, ocurre todo el tiempo. Por ejemplo, el formulario para recibir los pagos de Google antes estaba en inglés, ahora en español, y lo mismo sucede con otros. Como si fuera poco, a este tema hay que añadirle también las particularidades del país de origen de cada uno. En Argentina, donde vivo, si bien Google paga rápido tus ventas minoristas, sea un solo Ebook o cincuenta, se hace imposible cobrar montos pequeños, las comisiones de los bancos locales son altísimas, puede que en tu país no sea así y te convenga, ya te explicaré detalladamente en ese capítulo, pero adelanto, si esta plataforma no te conviene, igualmente podrá ser utilizada como vidriera o escaparate, además tiene un plus, puedes crear allí mismo tus audiolibros sin costo alguno.

Hace poco se me venció el bendito formulario de Hacienda de EEUU y debí renovarlo. Si bien es el mismo de años atrás, había algunas modificaciones. Menciono el hecho, porque siempre hay alguien por ahí que si las cosas no son exactamente como las quiere, te pone una estrella, deja un pésimo comentario, lee el libro sin leerlo y se salta los pasos. En concreto, no quiere aprender por sí mismo utilizando guías como esta, o tomarse el tiempo para ver sus videos explicativos paso a paso. Hay muchos de estos tíos que no captan siquiera los conceptos iniciales. **Todo cambia, hay que mover las manos y ocuparse de abrir las cuentas necesarias, nadie lo hará en tu lugar.**

Nuestra araña consta de: «*Tener un libro ya escrito, publicarlo en todas las plataformas, habilitar nuestro medio de cobro, crear un audiolibro, videos de presentación, y promocionar todo el conjunto; también pueden añadirse Podcast.* La mitad de esta «Araña», es opcional. **Resumiendo, lo más básico es: 1) Tener un libro ya escrito, 2) Realizar su publicación en todas**

las plataformas, llenar el formulario de impuestos, 3) y habilitar el medio de cobro. Lo opcional es: Crear tu propia página de Google, tus audiolibros (mucha gente ya no lee, no tiene tiempo; también se encuentran los no videntes, y quienes están temporalmente internados por cuestiones de salud o algún problema motriz; ¡no te pierdas este mercado!), y para promoción se utilizan videos y podcast (este último sería como un audiolibro, pero breve, de presentación, con un par de capítulos de tu novela, por ejemplo). Por supuesto, mientras más patas tenga tu Araña, mejor. Por otro lado, si solo quieres hacer lo básico, el: 1, 2 3; pues, también está correcto, de hecho, comenzaremos por ahí.

Reitero lo del principio, es necesario poner a prueba «La Araña» de la que hablo para que sepas si este libro es de utilidad. Busca en cualquier navegador, lo siguiente: «Daniel Carballo Escritor».

Como resultado de la búsqueda, encontrarás: «Mi sitio Web de Google, canal de videos, fotos, registro, libros y audiolibros en distintas plataformas, y mi blog». Si le preguntas a una IA, como la popular BING, (si no sabes nada sobre IAS, lo comento luego), responderá lo siguiente: *«Daniel Carballo es un escritor, guionista y editor de textos introspectivos, nacido en 1969 en Córdoba, Argentina. Es autor de obras de teatro, poesías y novelas. Actualmente, desarrolla y publica nuevas técnicas y temáticas de ficción en su serie de libros para películas: "Calor Humano". Además, ha creado contenido educativo para escritores, como un manual de trabajo y tutoriales sobre cómo vender libros en todas las plataformas. También tiene un canal de YouTube donde comparte videos relacionados con su trabajo».*

Son hermosas las IAS, y bien utilizadas, una pasada.

El presente manual cuenta con muchísimos videos, 2 de ellos son míos, donde te explico con detalle cómo subir un libro y audiolibro, paso a paso, para publicar en todas las plataformas de un solo tirón; de modo que habrá que tomar anotaciones manuales, razonar, y mover las manos para crear tu **araña de publicación y ventas:** «Nadie lo hará en tu lugar».

Un punto a destacar, por nada del mundo quiero saltármelo, es que puedes tener una hermosa araña, pero vendas poco. El CEO de la plataforma Smash, dice: *«Tienes que ser visible, si son buenos tus libros se venderán, pero lleva tiempo; en principio, no te compra un libro ni tu mamá».* Gracioso el hombre, ¿no?, pero está en lo cierto. Al principio me ocurrió eso mismo, mis redes sociales no servían para nada; aún estoy modificándolas; más adelante tocaré el tema.

El año pasado aparecieron las IAS en el mercado, gran ayuda para nosotros. Ellas pueden corregir la ortografía y gramática, traducir frases a otro idioma, escribir por nosotros un párrafo, crear una escaleta, un argumento por capítulos, desarrollar personajes, realizar comentarios de tapa, entre muchos detalles; en su apartado correspondiente mencionaré cuáles son, también te diré consejos útiles para no meter la pata, ya que las inteligencias artificiales son herramientas de doble filo. Al final del presente manual, te mencionaré técnicas de Marketing de otros autores; una frase que escuché hace tiempo lo resume, presta atención y grábala en tu memoria desde el principio: «El éxito se mide en ventas».

Una última cosa, no te inscribas en los concursos anuales de esta plataforma ni de ninguna otra; «No todavía», vas a perder tiempo y no son reales; igualmente tampoco inscribas tu libro en **KA-DE/PE** (perdón, no puedo escribirlo bien ya sabes por qué), **de hacerlo, puede que no te permitan publicar en otras plataformas hasta que finalicen los 90 días de esa promoción, me pasó un par de veces**. Inicialmente, dedícate a crear y mejorar tu araña que te da visibilidad, te hacen conocido, y lleva poco tiempo, en 30 o 40 días tendrás todo en tu bolsillo, luego, a lo nuestro, que es escribir; tu araña caminará sola, no hay que empujarla. **Lo más importante es que seas visible para todo el mundo y vendas tus libros**. Y, en cuanto a la participación en concursos, te mostraré una manera global de hacerlo, pero eso es después, complementa a tu araña, si ganas un concurso vas a tener un empujón hasta las nubes. Se entiende, ¿verdad? Un buen libro primero, la araña después, si ganas un concurso, tendrás un subidón de madres.

Te presento el plan de trabajo: <u>Dale una leída completa a este manual así identificas sus dos módulos. En la segunda lectura o escucha, recién ahí comienza a trabajar.</u> El motivo de la sugerencia, es porque tal vez ya tengas partes de esta araña y no necesites crearla completamente desde cero. Reitero, **dale una leída o escucha completa a este manual, y trabaja después**.

Patas de la araña:

1) <u>Registrarme en dos plataformas de publicación y en un medio de cobro; también en un grupo de publicidades, como bien podrían ser: Face, Insta, Blogs y Tube, solo con fines publicitarios.</u> Estos son dos conjuntos o módulos separados. A) Mi casilla de correo, mi teléfono, y mi contraseña, que utilizaré para publicar mis libros y obtener mis cobros; todo es mí, mí, aquí. B) Otra casilla de correo, otro teléfono y otra contraseña, que utilizaré para fines publicitarios; aquí la palabra clave es OTRO, quiere decir, secundario. El porqué de la sugerencia, es porque un grupo te da dinero, y el otro no. Si los juntas en uno

solo, será un dolor de cabeza después, perderás tiempo valioso que podrías dedicarlo a escribir en vez de seguir a tus seguidores en las redes.

En concreto, el primer módulo trata sobre inscribirte en la Plataforma «Ama;)zon», de ventas. Inscribirte en la Plataforma «Draft» también de ventas, que de momento está en inglés, pero opcionalmente permite **publicar audiolibros.** Cómo llenar un formulario exigido de impuestos llamado W8-BEN, y cómo habilitar un medio de cobro a través de la empresa «PAYO—NEER».

Hay un extra aquí, sobre la publicación de tus obras en otra plataforma, Google books, que puede utilizarse de promoción, con ebook gratis y audiolibros que se crean automáticamente allí mismo para compartir luego con tus seguidores y darte a conocer a través de tus redes.

El segundo módulo, trata sobre darse a conocer con todas las herramientas disponibles, a saber: Tu propio canal de videos en Tube, crear tu Blog y página Web, más tus redes sociales dedicadas a ello (no utilices las personales), Face e insta.

Los extras para este módulo, tratan sobre la creación y publicación de videos y Podcast, y estrategias de otros autores, más algunos temas de importancia como cierre.

Voy a ser insistente en esto, **dale a este manual un vistazo general antes de lanzarte.** Si te decides a hacer lo propuesto, habrá videos para consultar, solo deberás tocar o hacer clic en los enlaces de color celeste. Y si adquiriste este libro en versión papel, o lo estás escuchando como audiolibro, tendrás que tomar anotaciones en un cuaderno, por supuesto. De nuevo, depende de la versión de este manual que hayas escogido, deberás tocar en los enlaces de color celeste, o tomar anotaciones para localizar los videos.

Para el ejemplo que sigue, en tu navegador favorito, puedes hacerlo en todos los que conozcas, busca lo siguiente: "Daniel Carballo Escritor"; ya lo mencioné antes, versión impresa o audiolibro, solo abre un buscador cualquiera y escribe lo solicitado. El punto importante en esta insistencia, es que debes hacerte de una idea concreta antes de comenzar, justamente para que escojas tu posición; podrás deducir al final: «Haré solo la primera parte de La Araña, y tal vez videos, creo que también puedo con los podcasts; o solo me inscribiré en Draft, que engloba a las demás, me llevo bien con el idioma inglés, y solo añadiré mis redes sociales como promoción para no complicarme».

Tu araña es a gusto personal. Échale un ojo a todo el manual primero, luego elige lo que quieras hacer y lánzate.

Continuemos con la prueba de la Araña; busca lo solicitado en Google[1], en Bing[2], también puedes probar en el antiquísimo Yahoo[3]. Lo buscado, "Daniel Carballo Escritor", es solo para que pruebes, cuando tengas tu propia araña será con tu nombre.

---

1.   https://www.google.com/
search?q=daniel+carballo+escritor&rlz=1C1ALOY_esAR946AR946&oq=daniel+ca
rballo+escritor&aqs=chrome.0.69i59l3j69i65j69i61j69i60.3872j0j4&sourceid=chrom
e&ie=UTF-8

2.   https://www.bing.com/
search?q=daniel+carballo+escritor&cvid=bd75e8a1f7764d4a85bea1a52e3982e4&aqs
=edge.0.0l8j69i60.5247j0j4&FORM=ANAB01&PC=U531

3.   https://ar.search.yahoo.com/
search?p=daniel+carballo+escritor&fr=yfp-t&fr2=p%3Afp%2Cm%3Asb&ei=UTF-
8&fp=1

Haz el ejercicio y dime, está claro a donde apunta este manual, ¿no es así? Debes aparecer en cualquier buscador con tus libros publicados y enlaces para adquirirlos.

Para concluir con este capítulo, te sugiero que ya mismo, **si es tu segunda lectura,** abras OTRA casilla de correo Gmail para promociones. Debe ser OTRA, y de GMAIL. Por ejemplo, «Enrique Octavo Escritor», o «Ana Bolena Escritora». Y no pongas tres o cuatro nombres y apellidos, como «Marcos Virgilio Ariel Rodríguez Ponce de León». <u>Solo un nombre, apellido, y escritor,</u> así serás conocido, por tu nombre artístico. Aclaro, por si acaso, si prefieres un pseudónimo, también se puede hacer. <u>Por supuesto que las inscripciones para publicar y cobrar las ventas serán con tu nombre real, no confundas los tantos, por favor.</u> Por ejemplo, mi nombre completo es «Daniel Ernesto Carballo», que va en los formularios de Hacienda y en las plataformas de publicaciones y cobro. En las tapas de los libros figuro como «Daniel Carballo», y en mis redes, canal de videos, email, página Web y demás, como: «Daniel Carballo Escritor»; ¿se entiende?

Continúo con el hilo para los que recién comienzan: con esa OTRA casilla de correo, con nombre real o artístico, a elección, crearás un Face, Insta, canal de YouTube y Blog. Solo con una fotito y mínimos datos, después llenarás lo que haga falta; y asegúrate que sea la misma foto para todo lo que hagas para no confundir a tus potenciales lectores, que a veces te ven con una foto, luego con otra distinta, después con una tercera; debe ser la misma. Pongo en claro, otra vez, lo más necesario. <u>1) Para tus registros en plataformas de publicaciones y cobro, usarás tu casilla personal de email, número de teléfono que llevas en los bolsillos, y contraseña súper maestra;</u> 2) para todo lo referente a publicidad, OTRA casilla secundaria, móvil secundario, y contraseña secundaria, que sea buena también, pero distinta de la anterior. El porqué de esta estrategia, es porque te vas a inscribir en muchos lugares diferentes, y recordar todos los emails y contraseñas de cada uno es un engorro. En mi caso, utilicé un teléfono viejo con OTRO número, allí puse mis redes sociales de escritor, email de escritor, WhatsApp y Télegram de escritor, Tube de escritor, para chequearlos cada tanto, también utilizo este conjunto para concursos y ventas (*¿sabías que en tu Face de escritor puedes poner un botón directo a tu WhatsApp de escritor, cierto?, útil para libros impresos en tu país*), y otras cuestiones relacionadas a ESCRITOR. <u>Separa lo personal de lo profesional</u>. Y lo menciono por esto: Un error que cometí al principio fue utilizar mi número de teléfono personal, Face e Insta personales, donde estaban mis amigos, parientes y conocidos. En cuanto comencé a publicar y a crear videos promocionales se agregaron muchísimos, ya sabes cómo es esto, amigos de mis amigos y así sigue. Estuve 3 años completos, **«¡3 malditos años completos!»** prestando atención a esta <u>bolsa de aire</u>, por no decir de basura, porque no sirve para nada. No lo recuerdo con exactitud, pero de 40 amigos que tenía inicialmente, llegué a tener cerca de 500 a los pocos meses, y no los buscaba, excepto a 4 o 5, el resto solicitaban amistad por sí mismos. <u>Detallo la cuestión</u>: entre mis seguidores estaban mis amigos, los amigos de mis amigos, también quienes juntan agua para su propio molino, para ofrecer sus productos y servicios, chicas de otros lugares buscando «amistad», con igual método, vendedores de la fortuna, familiares, y otros escritores con buenas intenciones, todos entremezclados, un hermoso grupo, numeroso, todo para nada, una pérdida de tiempo colosal. Después de 3 **años de**

dedicación y esmero, me di cuenta de que, entre todos, me compraron 1 libro. <u>"¡Casi 500 en mi red Face y me compraron 1 solo libro!"; con Insta me ocurrió igual</u>. Los familiares no lo hicieron ni lo harán, porque está en juego su persona. ¿Escribís libros? Muchos te felicito, que bien, me alegro, me gusta, me encanta, aplausos, muchos aplausos, pero ni uno solo me compraron. Y no acaba aquí, añado, tuve muchos mensajes en Messen-Ger, a mi Whats-App, email personal, una pesadilla de quienes me querían vender sus basuras, y algunos hasta con intenciones de piratear mis cuentas.

Le di muchas vueltas al asunto, ¿por qué no vendía? Deduje que si yo fuese una «mujer escritora» sería algo distinto. Tendría a pesados y babosos por detrás, seguramente, pero al menos mis amigas me comprarían un par de libros, no por lectoras o porque les guste lo que escribo, sino por código de honor. Punto a favor para las mujeres, se apoyan entre sí solo por ser mujeres, no necesariamente amigas, hay compañerismo y ayuda mutua si es necesario. Pero tratándose de un hombre, como en mi caso, ni siquiera contaba con ese apoyo. No estoy hablando mal de mi género, sería como dispararme una flecha en un pie a mí mismo; nosotros también tenemos nuestros puntos buenos, pero de otra manera. Si ves la historia de la humanidad o sus películas, sabrás que muchos de los nuestros que volvieron de las guerras fue gracias a un amigo, incluso desconocidos, solo por ser hombres. Quiero decir, nosotros no nos confesamos nuestra amistad por teléfono semanalmente, a veces no nos hablamos durante años, extraño, si se quiere, pero ese es nuestro compañerismo, y hay aprecio de por medio, pero eso tampoco quiere decir que compre el libro de un amigo para quedar bien con él, mucho menos para salir en Insta. Pero dejemos aquí la novela, solo mencionaré con respecto a esto: cuando comencé, no sabía cómo inscribirme en ningún lado. Conocí a alguien por internet, no recuerdo como me contacté, y este hombre se ofreció a ayudarme, sin conocerme, **desde otro país me llamó por teléfono,** <u>varias veces</u>, para ayudarme a que me inscriba en la plataforma y publique mi primer libro. Siempre le voy a estar agradecido a este colega que me asistió en todas mis dudas sin pedir nada a cambio, y lo nombraré, se llama Álvaro Díaz, puedes localizar sus libros en Ama;)zon; él mismo se autocalifica como un "autodidacta profesional", ya que vive de lo que aprendió solo. «Entre hombres también hay compañerismo», ¿viste?, pero rara vez nos compramos un libro entre nosotros.

Continuando con lo que nos ocupa, me pregunté para que quiero una red social que no aporta nada. Así es que la cerré y creé otra nueva. Mi canal de videos, por otro lado, tiene más visitas, ya te diré como hacer videos y audiolibros, que es la nueva tendencia que hay que tener a la vista, en su capítulo correspondiente sabrás como crearlos y dónde ofrecerlos. La moraleja es que **perdí todo ese tiempo valioso prestándole atención a aquellos que jamás me compraron nada.** No lo podía creer, casi 500 y me compraron un solo libro, y ni siquiera sé quién fue, me causa gracia. Lección aprendida y transmitida. «El éxito se mide en ventas, no en seguidores».

<u>Y si tienes otra opinión diferente sobre cómo utilizar las redes,</u> bienvenida sea, aplícala. Tal vez ya dispongas de mil amigos, dos mil, y no quieras cerrarla. Genial, <u>se puede modificar.</u> **Cuando acabes de leer y de procesar este libro,** sabrás qué hacer. Sé flexible e intuitivo, ¿de acuerdo?

Capítulo 2

Dijimos que lo primero es tener escrito un libro. Casi siempre se utiliza Word para ello, porque dispone de un excelente corrector ortográfico y gramatical. Hay otras preferencias, pero te sugiero Word para comenzar. Hay una herramienta gratuita de la misma <u>plataforma principal</u> ("Ama, zon"); ya sabes que no la escribo ni pronuncio bien, porque otras empresas no permiten que se nombre a sus competidores, **<u>detalle a tener en cuenta, por eso lo reitero</u>**. Con respecto al formato, fíjate como está diseñado este libro. Se escribe el texto y se corrige con el mismo Word. Se utilizan saltos de página al finalizar cada capítulo, negritas, subrayado, cursiva, hipervínculos, <u>que automáticamente quedan en color celeste</u>, fuente Times New Roman 12, alineación izquierda e interlineado sencillo o de 1,5 líneas, y ahí acaba la cuestión, luego se utiliza la herramienta gratuita para maquetar. Ya sé que los diseñadores gráficos me van a decir que soy un animal, otros querrán <u>venderte</u> sus servicios <u>profesionales</u> de maquetación, y ambas cosas son correctas. Pero como este manual camina de principiantes a más experimentados, dejo a continuación un tutorial sobre cómo darle formato al texto con Word; los que adquirieron el presente en papel o audiolibro, ya saben que deben escribir en su buscador lo siguiente: ⇨ Cómo dar formato de texto en Word[1].

Recapitulando:

---

1. https://www.youtube.com/watch?v=5BvyrAfAAS8

1) Ten primero un libro escrito y corregido. ¡Importantísimo! La tapa del mismo puedes hacerla con Canva, mira el video a continuación, si estás leyendo en papel o escuchando como audiolibro, busca lo siguiente: «Cómo hacer la portada de un libro en canva para eBook»[2]. * Aclaración, que sea una imagen gratuita, no pagues ni un dólar, no hace falta.

Los tutoriales que se mencionan aquí, son de colegas que aportan gran contenido, ofrecidos gratuitamente en sus canales de videos, debemos estar más que agradecidos con ellos, que brindan su tiempo y conocimientos a enseñarnos. ***¿Es compañerismo, viste?***

2) Ya debes tener OTRA casilla de correo Gmail, con nombreapellidoescritor@gmail.com, ó juandelospalotesescritor@gmail.com, ya sabes que tu OTRO número de teléfono, casilla y contraseña, los utilizarás como un conjunto para todo lo relacionado a fines publicitarios, y que no debes mezclarlos con los de publicación y cobro, esos datos son más personales, ¿recuerdas? Mi casilla, mi número de móvil que llevo en el bolsillo y mi contraseña maestra. Separa las aguas desde el principio, es más conveniente.

3) Abre tu Face, Insta, Tube, y Blog, con ese conjunto destinado a lo publicitario, nombreapellidoescritor@gmail.com, ó juandelospalotesescritor@gmail.com. Hará falta una foto tuya donde salgas más bonito, o de la planta que más te guste, y un banner, opcional hecho con Canva, hay videos a montones, te dejo uno: COMO HACER UN BANNER Y UN LOGO EN CANVA FACIL RAPIDO Y GRATIS[3]. Opcional, en tu OTRO teléfono, instala Whats-sApp y Téle-Gram. Y ya sabes ,

---

2.   https://www.youtube.com/watch?v=O_LsltVFUaQ

3.   https://www.youtube.com/watch?v=9EJUCp5Zn9M

si tienes la versión impresa de este libro, busca los videos con los títulos que aquí se proponen.

Si ya has acabado este paso, lo que sigue es inscribirte en la plataforma principal que escribo mal, la misma te dice cómo. En tu navegador favorito, busca: Cómo crear una cuenta en Ama;)zon. Un detalle a considerar, como todo cambia, fíjate que sean videos nuevos, de preferencia del año presente o anterior, no del año 2010, ¿de acuerdo? Te dejo uno, hay muchos, este es de ejemplo: Cómo CREAR CUENTA en "KDP" para VENDER LIBROS[4].

* Le doy una vuelta más al asunto de tus cuentas separadas, es muy serio tu acceso a las plataformas de publicación y cobro, bajo ningún concepto debes exponerte a que te sean pirateadas, ya que están relacionadas con tu dinero, por eso jamás debes mezclarlas con lo publicitario que no aportan ni un centavo. Podrás argumentar que no es necesario, que soy un exagerado, pero ocurre que tuve una experiencia previa, por eso sé lo que digo, quisieron piratear mi cuenta y casi lo logran; antes tenía todo mezclado, bancos, cobros, publicaciones, redes y tonterías, uno se inscribe en muchos lugares con el correr de los años y deja puertas abiertas sin querer, aprendí del error, desde aquella vez, mi política es riesgo cero.

Continuemos. Si ya apuntaste el paso a paso sobre como inscribirte en Ama;)zon, ahora lo harás en Payo-Neer, para disponer de una cuenta bancaria internacional y poder receptar el dinero de tus ventas. Incluso si eres europeo, te puede ser útil esta cuenta y su tarjeta, fíjate si en tu país te es fácil cobrar tus ventas de Ama;)zon directo a tu cuenta de banco; si se te dificulta, para eso está la mencionada. Hay que apuntar muy

---

4.   https://www.youtube.com/watch?v=MChBTbNKJdY

bien todos los datos de esa inscripción de Payo-Neer, ya que los mismos van en las plataformas de ventas. El video anterior ya lo explica, pero mira este otro a ver cuál te es más fácil, y escucha muy bien si estás en versión audiolibro sobre cómo debes buscar estos videos: "KDP" – "Como vincularlo a tu cuenta de Payoneer para cobrar. Paso a paso"[5].

Esos datos que te da Payo-Neer, apúntalos muy bien, luego debes colocarlos en Ama;)zon y también en otra plataforma de ventas que le seguirá luego. **Aclaro**, Payo-Neer sirve para cualquier país. Reitero para la versión audiolibro, no seas distraído, busca el video así: "KDP" – "Como vincularlo a tu cuenta de Payoneer para cobrar. Paso a paso".

A esta altura, ya tenemos nuestro libro escrito en Word y corregido, cuenta en Ama;)zon, Payo-neer, y asociadas las dos anteriores.

Si esta es tu segunda escucha o lectura, no sigas adelante si no viste los videos ni realizaste las inscripciones mencionadas. ¿Cuánto tiempo puede llevar? Como mucho, exagerando, un solo día. ¡Uno solo!

Un comentario sobre el formulario fiscal de Hacienda de Estados Unidos que se te pedirá, en algunas plataformas está en español, y en otras en inglés. Ya veremos cómo se llena más adelante.

Con respecto al diseño de tu libro, muchos te sugerirán que los de tapa blanda los realice un profesional, yo te animo a otra cosa, para que **no gastes dinero en un producto en sus inicios.** La herramienta es gratuita, de la «Plataforma Principal», vamos a instalarla... dejo el enlace para la versión ebook, pero ya sabes

---

5. https://www.youtube.com/watch?v=IjUy-phvmOA

que puedes hacer la búsqueda si estás en versión impresa o audiolibro, aquí está, búscalo así: ⇨ Kindle Create.[6]

El software es gratis, no te preocupes que está en español, lo instalas y lo abres... sigue el paso a paso a continuación, que es más fácil que pelar una papa (también le llaman patata); se hace así: CREAR NUEVO, SELECCIONAR ARCHIVO, elegir el libro escrito con Word, CONTINUAR, PRIMEROS PASOS, ACEPTAR SELECCIÓN. Y ya casi está listo. Tienes que darle formato como si fuera Word, arriba a la izquierda tienes que agregar <u>con el símbolo +</u>, una tabla de contenido, luego otra vez +, página de título, arriba a la derecha, GUARDAR, EXPORTAR, y ya puedes publicar tu libro desde allí mismo, dejo un video más abajo.

Te explico por qué no pongo fotos a modo de guía, porque hay muchos paso a paso. *<u>Los tutoriales que se mencionan aquí, son de colegas que aportan gran contenido, ofrecidos gratuitamente en sus canales de videos, nuestro agradecimiento a ellos, y recomendación a que se suscriban a sus canales o vean más de sus excelentes videos</u>*. Aquí está un enlace, también puedes buscarlo de esta manera: ⇨ "Cómo maketar tu ebook con Kindle Create[7]".

En este punto seguramente habrá gente que diga: "¡Pero hay modelos ofrecidos por la plataforma!", y los diseñadores gráficos opinaran cualquier otra cosa, que debe hacerlo un profesional y etcétera, etcétera; todo válido, pero <u>no aplica aquí</u>, vamos a lo simple y rápido para poder publicar nuestros libros y crear nuestra araña: **«Sin Gastar Dinero»**. Cuando comiences a vender, recién en ese punto considera realizar gastos, no antes. Y si eres entendido, lo que ya sepas de este manual, dejalo pasar.

---

6.   https://www.amazon.com/Kindle-Create/b?ie=UTF8&node=18292298011

7.   https://www.youtube.com/watch?v=96ksEUxh04A

Resumiendo, escribe tu libro, inscríbete en Ama;)zon, y en Payo-neer para poder cobrar tus ventas, vinculá las dos cuentas. En ambos lugares debes llenar el formulario fiscal que se menciona a continuación, y ya solo queda realizar tu primera publicación. Aquí dejo los videos ⇨ Cómo publicar un libro en Ama;)zon " TUTORIAL[8]. Aquí hay otro ⇨ Como Llenar el Formulario Fiscal de ADSENSE // Como Llenar correctamente el Formulario W8BEN[9].

Esto de Adsense, míralo como adelanto o curiosidad, no lo usaremos, <u>pon el ojo con interés en W-8BEN, que es el que importa</u>. Otro video de apoyo ⇨ Cómo rellenar el formulario W-8BEN de forma correcta[10]. Mira los videos completos, empápate bien, este punto es más que IMPORTANTE. Aquí hay otro con aclaración para todos los países ⇨ ¿Cómo llenar CORRECTAMENTE el formulario #W8BEN? - La VERDADERA forma, BIEN EXPLICADO[11].

Comentario final. Ya sea que el formulario aparezca en inglés o español, a uno le da miedito al principio. No es la gran cosa. Te comento lo que dicen los videos. El formulario solicita nombre y apellidos completos, tal como figuran en tu cédula, tarjeta o documento de identidad de tu país. Si tienes dos nombres o tres, y un apellido o dos, esos datos van **exactos**. *(En una plataforma, incluso después de llenado correctamente el formulario, se me solicitó una foto de <u>frente y dorso de mi tarjeta de identidad</u> antes de su aprobación, que no te extrañe que te soliciten lo mismo).* Haz bien este paso, **nada de nombre artístico**. El formulario

---

8.   https://www.youtube.com/watch?v=qJNvLCOuRow

9.   https://www.youtube.com/watch?v=xR_LeFztvL8

10.   https://www.youtube.com/watch?v=jF3uXDK84ns

11.   https://www.youtube.com/watch?v=iUSSq2S_lfw

pregunta por tu país de residencia, dirección y código postal, fecha de nacimiento, casilla de correo, y tu número de identificación nacional. En Estados Unidos es el número de Seguro Social, los que no lo tienen deben usar un TIN, Número de Identificación del Contribuyente. En Argentina se llama CUIL, en Francia, Número fiscal, en otra plataforma figura con otro nombre. Todo esto significa que **es el mismo número**, CUIL, TIN, TUN, TAN, BLA, BLE, BLI, hacen referencia a lo mismo, <u>no te dejes amedrentar</u>. Las demás casillas en general se dejan en blanco, si hay cuadritos para marcar con palomita o símbolo de verificación, se contesta YES, y se marcan todos los demás, a excepción, **importante**, <u>¡más que importante!,</u> donde pregunta si eres residente en Estados Unidos o si tienes negocios allí, <u>ahí se contesta **NO**</u>, a menos que realmente vivas en los estados, en ese caso responde que sí; mira los videos con atención y toma anotaciones manuales; sé preciso, se hace una sola vez, luego debes actualizar a los tres años. Dejo un resumen de mi última actualización, que es más fácil de llenar.

- <u>Name of individual who is the beneficial owner</u>: Pon aquí tu nombre tal como figura en tu cédula.

- <u>Country of citizenship:</u> Escribe tu país.

- <u>City or town, state or province. Include postal code where appropriate:</u> Aquí te pide: localidad, ciudad, código postal, y nuevamente más abajo tu país.

- <u>Foreign tax identifying number (see instructions):</u> Número de identificación fiscal. Aquí va el CUIL, TIN, TUN, TAN, BLA, BLE, BLI, antes mencionado.

- <u>Sign Here:</u> Debes firmar electrónicamente. Escribe en las dos casillas lo mismo, nombre completo tal como figura en tu cédula, y Mes, Día, Año, en que realizas la firma. Por ejemplo: 10-27-2024. Mes primero, día, y año, los cuatro dígitos de este.

Hay más casillas entre medio, déjalas en blanco si se trata de una actualización, si lo haces por primera vez, sigue las indicaciones y mira bien los videos. Si no sabes lo que significa alguna línea, lo copias, pegas en el traductor de Google, y te enteras. Pero es poco probable que modifiquen este formulario fiscal.

De nuevo, sobre todo para los que tengan la versión audiolibro de este manual. En general, si lo haces por primera vez, se te pedirá: país de residencia, domicilio y código postal, fecha de nacimiento, casilla de correo, y tu número de identificación nacional, el CUIL, TIN, TUN, TAN, las demás casillas se dejan en blanco, si hay cuadritos para marcar con palomita o símbolo de verificación, se contesta YES en todas ellas, a excepción, **importante**, donde pregunta si eres residente en Estados Unidos o si tienes negocios allí, <u>ahí se contesta **NO**</u>, Se firma electrónicamente con tu nombre completo dos veces, Mes, Día, Año en curso, y ya.

⎯⎯⎯●⎯⎯⎯

AL SER ESTA UNA PARTE súper importante, cuando tengas lo anterior ya concluido, continuamos. Nos vemos luego.

Capítulo 3

1) abres una cuenta en la plataforma Draft (se detalla en el capítulo siguiente), y llenas el formulario de Estados Unidos, 2) Abres una cuenta en Payo-NEEr, y llenas de nuevo el formulario mencionado; cuando esta última esté creada, también añades dentro tu propia cuenta de banco de tu país para que retires tu dinero 3) Vincular Draft con Payo, y asunto terminado.

Continuemos con los ejemplos: tienes un libro ya escrito y corregido. Lo publicas en Draft, que publica en todos lados a la vez. El libro se vende en cualquier país y en cualquier moneda. Esa venta, ese dinero, cae en tu cuenta Payo, desde allí, tú extraes el dinero al banco de tu país. Simple, sin vueltas. Te lo digo así: «Draft2Digital, y Payoneer», van juntas. Ama;)zon, y Payo-neer, también. De esta manera tienes dos plataformas distintas de ventas, y Payo-neer para receptar tu dinero de ambas, desde allí envías tus ganancias al banco de tu país.

En mi caso, algunos meses vendo más en Draft-2Digital, y en otras ocasiones en Ama;)zon. Doble trabajo al principio, pero doble ingresos también.

Avancemos otro poco con videos, hay muchos al respecto. Cómo crear una cuenta en AMAZON KDP 2023 || Cómo vincular PAYONEER con AMAZON || Cobrar tus REGALÍAS.[1] Muy bien explicado, pero dejo otro video más. Cómo vincular tu cuenta de Payoneer con Amazon KDP.[2] Un

---

1.   https://www.youtube.com/watch?v=IFGp3LjzmCQ

2.   https://www.youtube.com/watch?v=J_E6OPvcVxY

aquí un tercer video: Cómo AÑADIR una Cuenta Bancaria a Payoneer[3]. Un último video, es mejor que sobren y no falten ejemplos: AMAZON KDP - Como vincularlo a tu cuenta de Payoneer para cobrar desde ARGENTINA | Paso a paso.[4]

Ya sé, soy exagerado. Dejo otros más: Cómo AGREGAR una TARJETA o CUENTA BANCARIA a PAYONEER[5]. Continuamos con más videos: PAYONEER CREAR CUENTA 2023 (CÓMO ABRIR UNA CUENTA BANCARIA ONLINE) Tutoriálcobrar y pagar[6].

Da trabajo ver todos los tutoriales y tomar anotaciones en un cuaderno, por supuesto, es la parte más engorrosa, pero se hace una vez en la vida, luego te dedicas a escribir y publicar.

Qué tenemos hasta aquí: últimos detalles.

—Un libro escrito en Word, y corregido.

—La tapa del mismo creada con Canva, igual un Banner para redes.

—Kindle Create para darle formato a tu libro de Word, así tienes dos versiones, la de Word para Draft2Digital, y la de Kindle, para Ama;)zon.

—OTRA casilla de correo Gmail con OTRO número de teléfono y OTRA contraseña para tu Face, Insta, Tube, y Blog, todo con los mismos datos. Video de este último ⇨ Cómo Crear un BLOG en Blogger GRATIS y BONITO[7]. Hará falta una foto tuya y unos pocos datos, el resto se llenará después.

—WhatsApp y Telegram en tu OTRO teléfono (opcional).

---

3.   https://www.youtube.com/watch?v=FLRvJp1pL1k

4.   https://www.youtube.com/watch?v=IjUy-phvmOA

5.   https://www.youtube.com/watch?v=_rvHn0G-nAk

6.   https://www.youtube.com/watch?v=sjCBRd5r6kQ

7.   https://www.youtube.com/watch?v=omOEukpF4Go

—Una cuenta en Draft2Digital, y en Ama;)zon para publicación y ventas en ambas plataformas en modo espejo.

—Una cuenta para receptar las ganancias de ambas a la vez, y sin hacer nada después. Con Payo, neer, también enviamos esas ganancias al banco de nuestro país. Aquí otro video con todo detalle: Como RETIRAR DINERO de Payoneer a Cuenta Bancaria Asociada 2024 PASO A PASO[8]

—Formulario Fiscal W8BEN, correctamente llenado en todas las plataformas.

Repasa todo lo anterior. Asegúrate que esté bien el mecanismo. **Los tres objetivos** del presente manual, tratan sobre **publicar en dos plataformas distintas, cobrar las ventas en solo una, y darnos a conocer, que es lo que viene luego**.

¿De qué nos sirve tener un libro hermoso si nadie sabe que existe ni que existimos? Una docente de Marketing que tuve hace mucho tiempo, me dijo: «El éxito se mide en ventas». Y está en lo cierto, ¿no te parece?

Haz tu tarea, por favor. Gracias. Después seguimos.

---

8.   https://www.youtube.com/watch?v=EJL32KGPdXs

Capítulo 4

Continuemos otro poco con «Draft2Digital;», que de momento está en inglés, pero publica en todas las plataformas al mismo tiempo.

Vamos al grano. Ya tenemos una portada creada con Canva. También un libro escrito y corregido con Word. Solo basta que tu libro tenga un formato aceptable, nada espectacular: **los títulos de los capítulos** deben estar en negrita y centrados; <u>recuerda este detalle así se indexan bien</u>. Utiliza saltos de página al finalizar cada uno de ellos y, si vas a usar hipervínculos, también los acepta. Por supuesto, puedes utilizar negrita, cursiva, subrayado, tipo de letra Times New Roman 12, con alineación izquierda, e interlineado simple o de 1,5. Es todo sobre cómo darle formato a un texto en Word; básicamente, por supuesto.

Inscríbete en «Draft2Digital;», son los mismos datos de siempre, «Mi casilla de correo, Mi teléfono y Mi contraseña». Haz el proceso, después mira los videos a continuación, en tu navegador busca: Subir tu libro a "Draft2Digital[1]_". Próximo video: Publica tu libro en "Draft2Digital" en Español[2]. Y aquí hay otro más, míralos a todos primero, y <u>no te quejes</u> por el audio bajo, **nuestros colegas se esmeran, no seas así**, sube el volumen, están explicados con detalle ⇒ Cómo dar formato a tu libro digital (ebook) con "Draft 2 digital[3]_".

---

1. https://www.youtube.com/watch?v=_Y5GgutwZ9c

2. https://www.youtube.com/watch?v=Q7a9i6fKBpY

3. https://www.youtube.com/watch?v=t22PGAf8zBU

Reitero los nombres de los videos por si debes buscarlos a mano: 1) Subir tu libro a "Draft2Digital. 2) Publica tu libro en "Draft2Digital" en español. 3) Cómo dar formato a tu libro digital (ebook) con "Draft 2 digital". Pero todavía no publiques, dije que miraras los videos a continuación para que te vayas empapando en el tema. Falta otro más, que dejaré más abajo, el mío propio como complemento del libro.

Sobre Audiolibros:

Repasemos brevemente: 1) Ya tienes tu libro escrito, corregido, y con formato aceptable. 2) Ya tienes tu cuenta activa en Draft, con el formulario de impuestos, asociada a Payo-neer para poder cobrar, y si te pide que anexes la cuenta bancaria de tu país, también lo haces; ya he mencionado que te puede solicitar una foto de tu cédula de identificación, que no te extrañen estos nuevos requisitos de las plataformas. 3) Toca publicar tu libro en todas las plataformas al mismo tiempo. Pero antes, ya que la publicación es simple y está detallada en mi video, lo que me interesa añadir aquí, trata sobre el mercado de los audiolibros. También tengo otro video propio sobre esto paso a paso.

Presta atención al proceso en seguidilla que harás: Cuando termines de publicar tu libro en Draft, se te va a preguntar si quieres crear una versión impresa del mismo, obviamente que sí, es casi automático el proceso y gratuito, y se te ofrecerá, además, subir un audiolibro del mismo; ojo aquí, esa es una opción de pago, hasta ellos mismos te ofrecen el servicio, <u>no recomendado</u>. ¿Contratar a un profesional para que lea tu libro? Ese servicio tiene costo. No, señor, de ninguna manera.

Aquí, mi sugerencia: Si te animas a leer tu propia obra, o contratar privadamente a actores o locutores, o a un amigo, amiga con buena voz, aceptable, que no ladren como perros, para que lean tu libro, se puede, por supuesto. Hasta es posible que no te cobren, sobre todo si son amigos o parientes, podrías intentarlo, siempre y cuando respetes la calidad exigida por la plataforma, y especificaciones técnicas. La calidad tiene que ser alta, excluyente, los capítulos deben estar por separado, y grabados con el mejor micrófono posible, te animo a que lo hagas, claro que sí; y sin gastar dinero. Hay otra posibilidad para que lo hagas solo, ya te contaré. Pero permíteme una anécdota.

Cuando recién comencé, hice que me grabaran un audiolibro en México, debí abonar el servicio. El producto final fue excelente, con notables efectos sonoros e inmejorable calidad; jamás volví a escuchar otro audiolibro con semejante excelencia.

En aquel entonces no había videos de referencia, tuve que hacerlo a cuero pelado, como se dice. Me costó publicarlo en Draft. Me encontré con el inconveniente de los segundos y minutos exigidos, y todo en inglés. Luego de hacer muchas pruebas y recortes, lo terminé subiendo. Pero fui más allá, <u>de bronca, estaba rabioso</u>, tardé meses, pero cree por cuenta propia y subí a la plataforma <u>todos mis libros.</u> Valió la pena. El resultado de ello, más dinero. De hecho, <u>vendo más audiolibros que ebooks y libros impresos</u>. Quiero decir, **por nada del mundo pierdas este mercado**. Te dará trabajo mientras grabas, pero aumentarás tus ingresos. Además, si lo piensas un momento, tardas muchos meses en escribir un libro, en corregirlo y ponerlo a punto. Tardas tiempo en inscribirte en las plataformas de ventas y la de cobro, ve más allá, tárdate un poco más y haz tus propios audiolibros.

En resumen, tendrás el mercado de Ebooks, el de libros impresos, y el de audiolibros en todas las plataformas con un mismo material, que estará allí disponible por años. Insisto, no pierdas este mercado de audiolibros por inacción.

Demos otra vuelta a este asunto. Seguramente el próximo año habrá más tutoriales sobre el tema, pero para que comiences ya mismo, te dejo más abajo, un video **grabado por mí mismo** con el paso a paso. <u>Me verás la cara, lo siento</u> ☺ .

Para que quede claro y no confundas con algo que he comentado antes. Publicar tus audiolibros en Draft, son para la venta, asunto muy distinto es "Google Play libros". Este último se utiliza para promoción, con relatos y novelas cortas, muy similar a los Podcast. **<u>Los audiolibros en Draft, son para la venta, en Google Play, para promoción.</u>** Es importante que no los confundas. Te añado algo más, <u>Draft, publica para vender en Google</u>. Es decir, tú, escritor, puedes utilizar, si quieres, Google para promocionar material gratuito para tus seguidores o darte a conocer, mientras que, si publicas un audiolibro en Draft, esta plataforma lo venderá en Google. <u>En suprema síntesis, con Draft se gana dinero, con Google Play, no.</u>

Un ejemplo, así concluimos con Google Play y sus audiolibros: Si quieres, puedes abrir una cuenta allí, con los mismos datos personales de siempre, y publicar un libro de promoción; una pequeña novela, o un relato, y de precio, le pones CERO; que sea totalmente gratis. Inmediatamente después de publicarlo, la plataforma te ofrecerá crear un audiolibro, **completamente gratis,** con voz electrónica, que no está nada mal. Mira este tutoriálen video sobre como inscribirte: ⇒ PUBLICA TU LIBRO EN GOOGLE PLAY[4]. Mira el resultado, uno de mis libros de promoción para que te hagas una idea: ⇒ Calor Humano Historias de la Serie.[5] Si estás con este

---

4.   https://www.youtube.com/watch?v=3UckTBn-7gA

manual en formato papel o audiolibro, busca el enlace a mano de esta manera: en tu navegador, escribe: calor humano historias de la serie google play libros. Ahora, escucha la voz electrónica del mismo libro, nada mal ⇒ Audiolibro Calor Humano Historias de la Serie[6]. Si estás buscando a mano, escribe en tu navegador lo siguiente: Audiolibro Calor Humano Historias de la Serie YouTube.

Ahora sí, aquí dejo el enlace directo a un video promocional, para que, en su caja de comentarios, reitero, cuando estés viendo el video, en su caja de comentarios, puedas hacerte de ambos videos para publicar tanto en Ebook, como en Papel y Audiolibro. En solo dos videos, todo el tema explicado paso a paso y con detalles finos que no debes saltarte, me refiero a la estructura en sí de los audiolibros que saldrán a la venta. Capítulos separados, segundos de tiempo adelante y atrás de cada uno, introducción, y otros detalles. Búscalo así: Youtube Como vender libros en Amazon, y en todas las plataformas. Manual de Trabajo para Escritores[7].

Si lo haces a mano, verás que en el listado que aparece, incluso hay otros videos más relacionados al tema, pero asegúrate de ver el mío, que es complemento de este manual.

Anexo sobre cómo grabar audiolibros.

Lo primero es buscar a alguien para que grabe tu audiolibro, o bien, puedes hacerlo con un amigo, amiga, o vecino con voz aceptable, tal como se detalla a continuación.

---

5.   https://play.google.com/store/books/details/
Daniel_Carballo_Calor_Humano_Historias_de_la_serie?id=AgOBEAAAQBAJ

6.   https://www.youtube.com/watch?v=UDWzm_rv5Nw&t=531s

7.   https://www.youtube.com/watch?v=pGebQkH02zA

Graba tus capítulos utilizando Audacity, programa gratuito. Te dejo un video ⇨ TutoriálAudacity[8]. Como se menciona en el video, debes descargarlo, instalarlo, y poner para grabar. Te familiarizas con Audacity en un solo día de uso. Pero tratándose de Draft, que es exigente, sobre todo si no contratas su servicio de pago y lo haces por ti mismo, con él debes cumplir a rajatabla sus <u>requisitos para que no te lo reboten</u>. Nada de otro mundo, en un solo día también, puedes aprenderlo, son tonteras técnicas después de todo.

1) Al inicio de cada capítulo debe tener silencio de 0,5 a 1 segundo. Es simple, en Audacity pones para grabar, esperás 0,5 segundos, CUENTA HASTA CINCO MENTALMENTE, y comienzas a hablar. 2) Al finalizar, cuando termines de leer tu libro, deja silencio entre 1 y 5 segundos; CUENTA HASTA DIEZ MENTALMENTE. 3) al momento de exportar como MP3, ASEGÚRATE que, más abajo, <u>donde dice Calidad</u>, **sea BRUTAL**, de otro modo te lo rebotan; el detalle es más que importante y sencillo a la vez, <u>solo se trata de hacer un clic donde dice calidad, y cambiar a Brutal</u>.

Sobre cómo subirlo, en mi video está detallado, búscalo así: Youtube Como vender libros en Amazon, y en todas las plataformas. Manual de Trabajo para Escritores[9].

En su caja de comentarios, encontrarás los enlaces. Y aclaro lo siguiente: En los primeros segundos del video en cuestión, sobre: <u>«Como publicar audiolibros en Draft2Digital»</u>, digo que hay un requisito exigido por la plataforma, que el libro en Ebook debe estar publicado en Ama;)zon primero; pues, ese requisito ya no existe más. Lo menciono para que lo tengas en

---

8.   https://www.youtube.com/watch?v=SVHp0M77aAw

9.   https://www.youtube.com/watch?v=pGebQkH02zA

cuenta. Se desasociaron las plataformas, hoy en día compiten entre sí.

Y en cuanto a tu caso personal, ¡FELICITACIONES!

Si esta es tu segunda lectura o escucha, se acabó; haz concluido. Ya sabes cómo publicar en Ama;)zon, y en Draft, tanto en formato ebook, como en papel, y audiolibro, y obtener tus ganancias con Payo-Neer. Ya eres un autor autopublicado en todo el globo y puedes cobrar tus ventas.

¿Falta algo más? Por supuesto, la otra mitad. Los capítulos restantes de este manual tratan sobre promoción, y como hacerte conocido.

Capítulo 5

"Microsoft" ha puesto una herramienta muy útil para multimedia, que podrás utilizar para crear tus videos promocionales, la misma se llama "Clipchamp". La he utilizado, también me gusta OpenShot, completamente gratuito. Y si tienes en tu PC, el antiguo Movie Maker, también sirve.

Cuando recién comencé, no sabía nada sobre crear videos. La primera vez contraté a alguien para que me lo hiciera. Estuvo genial, pero gasté dinero. Con el tiempo vi tutoriales, y al final terminé por hacer los míos propios.

El orden sería el siguiente, y digo sería, porque cuando tomas habilidad haces casi todo al mismo tiempo; si ya tengo mi libro publicado en dos plataformas a nivel global, incluyendo un audiolibro, lo que le seguiría es un <u>video promocional para mi canal y redes.</u> Para esto debo hacer un guion de mi propio libro, como si se tratara de una película y yo fuera el director. Aquí te dejo el enlace a mi canal para que los veas A TODOS, y te des una idea bien precisa de cómo <u>hacer un guión de tu libro:</u> Busca lo siguiente: ⇨ Daniel Carballo Escritor YouTube[1].

Notarás, que en algunos videos hice pantallas en negro con PowerPoint, dejo enlace al tutorial: ⇨ Como hacer un PowerPoint PASO a PASO[2].

En concreto vale hacerlo así: "En cada hoja se pone una foto y se escribe algo referente al contenido del libro", <u>tienes</u>

---

1.   https://www.youtube.com/@danielcarballoescritor/videos

2.   https://www.youtube.com/watch?v=EkZsOGjrLZI

que mirar los ejemplos sobre cómo hacer el guion en el enlace a mi canal así te queda más claro, pretendo que veas ejemplos prácticos. Cuando hayas concluido con tu guion, también le llaman escaleta, por ejemplo, de 15 o 20 páginas en PowerPoint, le das a Archivo/Exportar... Cambiar el tipo de archivo/formato de intercambio JPG/ Guardar/Todas las diapositivas.

Se creará una carpeta con todas las fotos ya listas para colocar en Clipchamp, OpenShot, incluso Windows 10, trae un editor de video (si te ofrecen instalar Clipchamp, no lo hagas, pon «Crear nuevo video», y listo); dejo enlace ⇒ Movie Maker 2.0 [GUÍA DE USO GRATIS del nuevo EDITOR DE VÍDEO de Windows 10][3]. Otro tutoriálmás: ⇒ Editor De Windows 10 | Còmo Crear Un Video Con Fotos Música y Animación 2020[4].

Abres el programa que has elegido, e incorporas allí las fotos. Tendrás que colocarle sonido, ya te diré de donde sacarlo, y como darle movimiento. Finalmente se exporta como Mp4 y se sube a tu canal.

Vamos por partes. Si ves los tutoriales y los combinas con mis indicaciones te irá mejor.

Anteriormente, dijimos que crearas tu Face, Insta, y canal de videos solo con una fotito y unos pocos datos para rellenar más tarde. Con respecto a este último, mira el enlace a mi canal para que te hagas una idea sobre cómo maquillarlo, sin exagerar, para esas cosas siempre hay tiempo luego. Estábamos en que, ya instalé un programa para hacer videos, a elección, y cómo colocar fotos o pantallas en negro de PowerPoint; bien, con eso bastaría, pero nuestro video quedará mucho mejor si le inserto videos y sonido, ¿de dónde los sacamos?

---

3.   https://www.youtube.com/watch?v=IVIcpQV15TQ

4.   https://www.youtube.com/watch?v=TzY_W9uAsmE

Si en tu navegador escribes: "Videos sin copyright", encontrarás muchas páginas, dejo aquí varios enlaces, búscalas así⇨ videvo.net/es/[5]. Otra⇨ pexels.com/es-es/[6]. Otra ⇨ pixabay.com/es[7]. Otra ⇨ shutterstock.com/es[8]. Y una más ⇨ coverr.co/es[9]. Mira, en cualquier buscador solo escribes: videos sin copyright, o videos sin derechos de autor, y tendrás páginas para hacer dulce.

Depende de qué trate tu libro. De estas páginas puedes descargar fotos, videos, dibujos, siempre gratis, nada pago. Algunos pueden ofrecer su servicio Premium para quitar una imagen de agua, puedes hacerlo, por supuesto, la recomendación es que **no gastes dinero para comenzar**, pero queda a tu criterio. Simplemente ingresa a las páginas mencionadas, buscas un video que sea afín a tu temática, lo descargas y ya. A esto lo haces en unos minutos por ti mismo, es más fácil que aprender a andar en bicicleta.

Falta la música, sonidos, ritmo, y cha-cha-cha. YouTube ofrece muchísimas canciones sin copyright, este es un enlace a una biblioteca, año a año en expansión, échale un ojo, búscalo así: ⇨ youtube.com/c/AudioLibraryEN/playlists[10]. Y este otro enlace es para ingresar directo a la Biblioteca de Youtube; necesitarás poner tu casilla de correo y contraseña, el soporte te dice como: ⇨ support.google.com[11].

---

5.   https://www.videvo.net/es/

6.   https://www.pexels.com/es-es/buscar/videos/

libre%20sin%20derechos%20de%20autor/

7.   https://pixabay.com/es/videos/

8.   https://www.shutterstock.com/es

9.   https://coverr.co/es

10.   https://www.youtube.com/c/AudioLibraryEN/playlists

Ten preparado tu guion, o al menos una idea sobre cómo hacerlo, y descarga lo que haga falta, fotos en JPG, videos en MP4, y música en MP3. Si guardas cosas de más, no importa, pueden ser útiles. Cuando tengas todo el paquete, recién ahí vas a crear tu propio video. Hay varias maneras, tienes Clipchamp online, y OpenShot, o el editor de videos de Windows 10, para elegir el que sea más fácil para ti. Allí cargas las fotos, videos, audios, mueves como un rompecabezas, esto para acá, aquello para allá, y al exportar ya tienes tu video para subir a tu canal.

Hay que aprender esto, es divertido. Ya mencioné que yo mismo no lo sabía y que aboné a alguien para que me hiciera uno. Si ese es tu caso, si no se te da bien crear videos, pues no lo hagas. Al igual que los audiolibros, podemos solicitar la asistencia de algún amigo, pariente, vecino, sin gastar dinero, al menos hasta que seas conocido y tus libros comiencen a estirar las piernas y venderse.

Continuamos con el tema. Este es el enlace a un editor en línea, búscalo así: ⇨ Clipchamp.com/es/[12]. Debes registrarte, ya sabes como; <u>no pruebes gratis por un tiempo, como te ofrecen</u>, no hace falta, solo regístrate e inicia sesión; **importante**, <u>tampoco lo instales en tu PC</u>, no es necesario, por otro lado, gustos son gustos... te lo van a ofrecer como **actualización**; Puedes elegir entre instalarlo o no. Dejo el tutoriálsobre cómo se usa, búscalo así: ⇨ TUTORIÁLDE CLIPCHAMP[13].

Sobre OpenShot, ya dijimos que es gratis. Dejo video para descargar e instalar: ⇨ Descargar e instalar Openshot[14]. Este

---

11.   https://support.google.com/youtube/answer/3376882?hl=es-419

12.   https://clipchamp.com/es/

13.   https://www.youtube.com/watch?v=sP-sQpWgRnk

14.   https://www.youtube.com/watch?v=DNo1H5zLM04

video que sigue es cortito y al punto, búscalo así: ⇨ Creación de un vídeo con OpenShot[15]. Y un tutoriálmás, bien profesional, y portable, sin instalar: ⇨ Edición de vídeo con OpenShot[16].

El siguiente, es sobre como subir tu video a tu canal: ⇨ Como Subir un Video a YouTube 2022[17]. Atención, si no tienes tu canal todavía, en este mismo video te ofrece otro paso a paso para crearlo. Empápate bien en el tema. Si no tienes canal, hay videos que te muestran cómo hacerlo, no será un problema. Otro detalle, este manual sobre «Cómo vender tus libros en todas las plataformas», fue publicado en 2022, con una actualización a mediados de 2023, y la presente, que es en 2024. Quiero decir, hay muchos videos y material disponibles, si quieres saber algo sobre cualquier tema, intenta localizar que sean videos o libros preferentemente recientes; que no sean del año 2010, ¿de acuerdo?

Comentarios finales. También puedes monetizar tu canal de videos, yo no pude hacerlo porque es difícil cobrar en mi país, de momento, y tampoco tengo la cantidad de suscriptores base; igualmente los YouTubers de mi país lo hacen, pero en mi caso, soy escritor, no Youtuber. O me dedico a escribir o a los videos. Si en tu país no existen complicaciones sobre monetizar tus videos, y tienes la oportunidad de hacerlo, aquí te dejo un video ⇨ Cómo Monetizar Tu Canal De YouTube[18]. Y otro tutoriálmás ⇨ Como monetizar un canal de YouTube[19].

---

15.   https://www.youtube.com/watch?v=XNohAawFrsE

16.   https://www.youtube.com/watch?v=_PLicZVoJoM

17.   https://www.youtube.com/watch?v=jq363d1mziw

18.   https://www.youtube.com/watch?v=maswqMJk74A

19.   https://www.youtube.com/watch?v=dOSdNNyVwAE

Hay personas hábiles en la creación de videos, otros no, igual en la monetización. No te preocupes, **si los videos no son lo tuyo**, dos capítulos más adelante, tienes **otra alternativa igual de válida y poderosa como promoción de tus libros**.

Vamos con los últimos detalles, ten mucho cuidado con la música que le vas a poner a tus videos. Si usas temas conocidos, se puede, pero no podrás monetizarlos después, si quieres ganar dinero con tus videos, la música escogida debe ser sin copyright.

Nuevamente te invito a que veas mi canal para que te hagas una idea precisa sobre cómo hacer tus videos promocionales, que es el tema que nos ocupa. Verás que utilizo música sin copyright, pero también conocida, con derechos de autor, ya que por el momento no me interesa la monetización. Mientras tanto, no le quito el ojo de encima a este tema y me voy instruyendo para más adelante.

Sobre Face e Insta, ya los conoces. Para mi gusto, publico en ellos el link a mi canal, donde coloco enlaces en sus cajas de comentarios a mis plataformas de ventas; también a mi Web para darme a conocer, que es el próximo tema.

Capítulo 6

Arrancamos de lleno. Busca lo siguiente: ⇨ PAGINA WEB GRATIS con GOOGLE SITES[1].

Mientras tengas Google Sites, el Blog es opcional, va como refuerzo, igual dejo el tutorial: ⇨ Cómo CREAR un BLOG en Blogger Paso a Paso[2].

Mira tanto mi Web, como mi Blog, tienen la misma información, es para que tengas una idea certera de a dónde vamos con este tema. Búscalo así:

⇨ daniel carballo escritor google sites[3].

Si ya lo has hecho, buscar: «daniel carballo escritor google sites», para que quede en tu mente una imagen clara, busca ahora mi blog para hacer la comparación: danielcarballoamazon.blogspot.com[4].

* Como verás, mi blog se llama, danielcarballoamazon. Pude cambiarlo por danielcarballoescritor, pero lo dejé como estaba, me dio pereza, los blogs, para nuestro propósito, solo van de refuerzo; se parece a mi página Web, lo modifiqué por dentro. Esto es: «Adaptar la araña a lo que uno ya tiene hecho».

¿Para qué sirve una Web y un Blog?

Recordarás que nuestro modelo de araña indicaba que debía presentarme algo así como: Clark Kent Escritor, Luisa Lane

---

1. https://www.youtube.com/watch?v=TZ2jh0jYJik

2.   https://www.youtube.com/watch?v=39FD-FO9L5E

3.   https://sites.google.com/view/daniel-carballo-escritor/inicio

4.   https://danielcarballoamazon.blogspot.com/

Escritora; nuestro nombre artístico para ser localizable. Funciona de la siguiente manera: El motor de búsqueda de Google actualiza constantemente sus bases de datos, y a su Google Sites, le da prioridad. Son patas de araña muy útiles para nosotros, ya que también estamos inscriptos así en Tube, Face e Insta, y en cuanta más red social quiera estar. De modo que si alguien escribe, en cuanto buscador se le ocurra, mi: **nombre apellido escritor**, me ubicarán. Y esto funciona no solo con el motor de Google, ya que los demás como Bing, no quieren quedarse atrás y también lo harán, me incorporarán al suyo sin que yo mueva un solo dedo. El proceso tarda unos días, pero ya creados mi Web y Blog, después me olvido. Por supuesto que debo actualizar estos cada vez que publique un libro nuevo, claro está, pero ya soy visible en toda la red, y falta un capítulo más para concluir, que sumará UN MONTÓN al respecto. Se entiende, verdad.

El primer módulo trató sobre publicar en dos plataformas, en formato Ebook, libro impreso, y audiolibro. Y nos inscribimos en otra empresa para cobrar nuestras ventas. Este módulo, en cambio, trata sobre promoción y darme a conocer, inscribiéndome en redes sociales, canal de videos, y motores de búsqueda a través de mi página web creada dentro del mismo Google, y el antiquísimo blog, completamente gratis.

Búscame en Google[5], en Bing[6], en Yahoo[7], en DukDukGo[8], como Daniel Carballo Escritor, y verás de lo que hablo. Mis plataformas de ventas venden solas. Mi plataforma de cobros

---

5. https://www.google.com/
    search?q=daniel+carballo+escritor&rlz=1C1ALOY_esAR946AR946&oq=daniel+ca
    rballo+escritor&aqs=chrome.0.69i59l3j69i65j69i61j69i60.3872j0j4&sourceid=chrom
    e&ie=UTF-8

también funciona sola. Igual mis redes, canal de videos, y soy localizable en todo buscador. Al principio da trabajo crear esta araña, es verdad, pero luego, todo el mecanismo se mueve armónicamente como un reloj.

Hay otras plataformas extra en la que puedes ofrecer tus libros, por ejemplo, Pinterest, Linkedin, y otras, pero con las nombradas me parece más que suficiente, y falta un capítulo todavía con otras estrategias.

No pierdas de vista que **<u>nuestro objetivo es ser visibles, e incrementar nuestras ventas, publicando en todas las plataformas disponibles</u>**. Y si te haces la pregunta: «Solo tengo un libro escrito, ¿vale la pena crear esta araña?»; la respuesta es: «**definitivamente sí**». Ya tendrás más obras que publicar, y el trabajo pesado ya realizado.

Redondeemos todo hasta aquí. Si recuerdas el plan de trabajo inicial, era el siguiente:

Patas de la araña:

1) <u>Registrarme en dos plataformas de publicación y en un medio de cobro; también en un grupo de publicidades, como bien podrían ser: Face, Insta, Blogs y Tube, solo con fines publicitarios.</u> Estos son dos conjuntos o módulos separados. A) Mi casilla de correo, mi teléfono, y mi contraseña, que utilizaré para publicar mis libros y obtener mis cobros; todo es mí, mí,

---

6.   https://www.bing.com/

search?q=daniel+carballo+escritor&cvid=bd75e8a1f7764d4a85bea1a52e3982e4&aqs
=edge.0.0l8j69i60.5247j0j4&FORM=ANAB01&PC=U531

7.   https://ar.search.yahoo.com/

search?p=daniel+carballo+escritor&fr=yfp-t&fr2=p%3Afp%2Cm%3Asb&ei=UTF-
8&fp=1

8.   https://duckduckgo.com/?q=daniel+carballo+escritor&t=h_&ia=web

aquí. B) Otra casilla de correo, otro teléfono y otra contraseña, que utilizaré para fines publicitarios; aquí la palabra clave es OTRO, quiere decir, secundario. El porqué de la sugerencia, es porque un grupo te da dinero, y el otro no. Si los juntas en uno solo, será un dolor de cabeza después, perderás tiempo valioso que podrías dedicarlo a escribir en vez de seguir a tus seguidores en las redes.

En concreto, el primer módulo trata sobre inscribirte en la Plataforma «Ama;)zon», de ventas. Inscribirte en la Plataforma «Draft» también de ventas, que de momento está en inglés, pero opcionalmente permite **publicar audiolibros.** Cómo llenar un formulario exigido de impuestos llamado W8-BEN, y cómo habilitar un medio de cobro a través de la empresa «PAYO—NEER».

Hay un extra aquí, sobre la publicación de tus obras en otra plataforma, Google books, que puede utilizarse de promoción, con ebook gratis y audiolibros que se crean automáticamente allí mismo para compartir luego con tus seguidores y darte a conocer a través de tus redes.

El segundo módulo, trata sobre darse a conocer con todas las herramientas disponibles, a saber: Tu propio canal de videos en Tube, crear tu Blog y página Web, más tus redes sociales dedicadas a ello (no utilices las personales), Face e insta.

Los extras para este módulo, tratan sobre la creación y publicación de videos y Podcast, y estrategias de otros autores, más algunos temas de importancia como cierre.

Nota: Ten paciencia al crear la araña. Todo debe tener el mismo nombre, las mismas fotos, idénticas publicaciones, se hace una sola vez en la vida y queda para siempre. Y, por supuesto, cada vez que publiques un libro nuevo, debes actualizar todo el módulo de promoción; digamos, ¿una o dos veces al año?

Como reza el dicho: «Hazte de fama, y luego échate a dormir»; es un decir.

Capítulo 7

Crear la araña de promoción y ventas es como escribir un libro, hay pasos concretos. Se comienza con una idea y pocos personajes. Cualquier autor es consciente de que las máscaras aparecen por sí mismas, hablan entre sí, sobre sus vidas, y nos dicen lo que quieren contar; en pocas palabras, aquí es muy similar.

Ya tengo mi libro y carátula, está publicado en la «Plataforma de ventas», también en la «Segunda Plataforma de ventas», hice un audiolibro para promoción en "Google Play", y de manera automática, tengo mi propio canal de videos, y publiqué las novedades en mi Face e Insta. Si sigo las indicaciones y me atrevo a realizar el paquete completo que se menciona en este manual, tendré, además, mi página Web y Blog para ser más localizable en toda la Red.

Es un lindo trabajo, ¡Puuuf! Pero echemos un poco más de leña al fuego, falta una cosa para terminar, los Podcasts, hay personas que los aman.

¿Que son los Podcasts? Se utilizan para escuchar programas de alguna temática, y están ordenados en episodios. En concreto, son programas de radio, tutoriales, <u>entrevistas</u>, reseñas, todo en audio, donde puedo publicar algunos capítulos de mis libros con enlace a mi página Web o canal de videos.

Hay dos que se utilizan mucho, I-voox, y An-chor, de Spo-tify. también es posible monetizar el canal como en la plataforma de videos; y de nuevo, dependerá de tu país, en el mío no está disponible esta opción de momento, pero le echaré un ojo a mediados de año. El punto es que, en tus redes, puedes invitar a los tuyos a escuchar un par de capítulos de tu nuevo libro, dejando por supuesto, enlace a tu Web o Blog para que adquieran el libro o Audiolibro de alguna de tus plataformas de ventas. Es una gran herramienta, porque si los videos no son lo tuyo, puedes dedicarte a hacer audios y promocionar ese canal, una excelente alternativa.

Vamos a hacer todo junto para que veas que lleva trabajo y tiempo, pero complicado, no es. Hay que registrarse, útil para promociones, hasta por WhatsApp se pueden enviar los enlaces de mis capítulos en audio. Esto significa que, como escritor, además de ser leído, si quieres ser escuchado, esta es la manera.

Registrate en las plataformas que se mencionan a continuación, y haz tu primera publicación, aunque sea un par de capítulos de tu libro; más abajo dejo el paso a paso. Resumiendo, lo primero es registrarse, vamos, todo suma, ya casi acabamos con la araña, inscríbete, el último es más fácil que pelar una papa (también le llaman patata), son dos plataformas en total, búscalas así: ⇨ Anchor.fm[1] –. Ivoox.com[2].

De nuevo para quienes escuchan la versión audiolibro de este manual: Son dos plataformas de Podcast donde inscribirse, y el proceso es más que sencillo. La primera se llama Anchor, punto fm. La segunda Ivoox, con «v» corta, punto com.

Nuestro siguiente paso, como crean los audios. Ya sabes que pueden crearse con Audacity, o con CLIPCHAMP, pero hay otras opciones como verás en los videos paso a paso, además de contratar a un locutor, por supuesto, que suelen ser económicos,

---

1.   https://anchor.fm/

2.   https://www.ivoox.com/

o a algún <u>amigo o amiga, más económicos todavía,</u> gratis, mientras que tengan una voz aceptable, todo vale. Busca los video tutoriales de la siguiente manera:

Anchor: ⇒Aprende a hacer tu podcast GRATIS y FÁCIL con la app Anchor[3].

Aquí hay otro: ⇒ Crear Podcast con Anchor desde PC[4].

Ivoox: ⇒ Cómo SUBIR AUDIOS a IVOOX[5].

Otro más: ⇒ Cómo COMPARTIR AUDIOS en iVOOX[6].

<u>No te pierdas esta página de instrucción antes de grabar.</u> No es un video, tendrás que leer y adaptar a tus necesidades, búscala así:⇒ Qué es un podcast y cómo hacer uno de calidad: 5 pasos[7].

Resumen: Si los videos no son lo tuyo, los Podcasts incrementarán tus ventas. Ten en claro como finalizamos esta araña de promoción y ventas. Vuelve a puntualizar en el plan de trabajo de este manual. Observa los defectos ajenos: La mayoría de los autores se inscriben en la «Plataforma Principal de ventas», llenan el formulario de impuestos, y habilitan un medio de cobro. Por otro lado, tienen su Blog, redes de Face e Insta, y los más osados suben un video promocional a su canal; y hasta allí llegan.

Les están faltando los audiolibros y Podcast. Google Play, y la «Segunda Plataforma de ventas que permite vender audiolibros creados hasta de forma casera con un vecino o amigo». Otros autores hasta regalan sus libros que, POR CIERTO, cuestan mucho de escribir, corregir, lleva meses de tiempo y esfuerzo,

---

3. https://www.youtube.com/watch?v=Ke0nMCBVFRw

4. https://www.youtube.com/watch?v=NzHDZe-gSYI

5. https://www.youtube.com/watch?v=MlwRB5Wm6XI

6. https://www.youtube.com/watch?v=2r9dpvi0KFU

7. https://www.rdstation.com/blog/es/que-es-un-podcast/

pero los regalan porque piensan que al ser autores desconocidos por ese motivo no venden. Lo cierto es que <u>falta un impulso</u>, solo eso, **deben ser conocidos de una manera efectiva**.

No lo hemos mencionado, pero uno investiga a ciegas al principio. Le dicen que debe <u>crear una página de autor en la «Plataforma Principal»</u>, que no es mala idea, de paso dejo un video, ya que tocamos el tema de pasada, búscalo así: Tutoriálpara crear tu perfil de autor en Ama;)-zon KDP[8], y está muy bien, todo suma, pero esa información queda dentro de esa plataforma, da escaza visibilidad, entonces el autor crea promociones que le ofrecen, y se rompe la cabeza para que le compren un libro, en vez de <u>ocupar todo ese valioso tiempo en dedicarse a escribir que es lo que mejor hace</u>.

La araña se realiza en poco tiempo, hay que trabajar para construirla, mirar video tutoriales, mover las manos, puede darte pereza, pero ¿cuánto tiempo has perdido ya actuando a ciegas? Piénsalo un momento, cuántos me gusta y comentarios respondes en tus redes sociales y cuántos libros vendes de allí.

Colega, ¿cómo te digo esto? Una cosa es ser diseñador gráfico, otra, editor de videos, algo diferente es ser YouTubers, y creador de Podcasts profesional es otra bien distinta, ni hablar de marketing para ventas; la pregunta es: <u>¿qué somos nosotros?</u> **«¡Escritores!», dirás con énfasis; y estás en lo cierto**. La araña de promoción y ventas propuesta aquí es mínima e indispensable, en poco tiempo de trabajo la tienes en tu bolsillo, luego, a lo nuestro, **<u>que es escribir</u>**.

¿Podemos hacer todo lo anterior sin gastar dinero? Claro que sí, solo hay que aprender un poco sobre cada tema.

---

8.   https://www.youtube.com/watch?v=rUo6_2Myvoc

Tómalo como que te mudas de domicilio. Debes preparar todo antes, embalar en cajas, ser cuidadoso con la vajilla y cristales, realizar el traslado, cargar en origen, descargar cuidadosamente en destino, acomodarte allí, pintar si es necesario, realizar alguna reparación inesperada, llevará tiempo y dedicación, pero cuando ya esté todo listo y cuelgues hasta el último cuadro, ¿qué harás?

Capítulo 8

Hace unos días ingreso a mi cuenta de la «Segunda Plataforma, que aún se encuentra en inglés», con la intención de observar mis ventas, y me aparece un cuadro de diálogo, consultándome si deseo subir todos mis libros publicados a "Smashwords", plataforma estadounidense que fue adquirida hace poco por ellos. **¡Yes! ¡Yes! ¡Salté de la silla!**; Smash es complicadísima, está en inglés, y tiene una trituradora de carne que te rebota los libros porque no quiere ni un espacio de más; NI UN ESPACIO DE MÁS EN TODO EL LIBRO; para ello hasta creó un manual de estilo para quienes quieran publicar allí; todo un engorro esa plataforma. Yo tenía un solo libro publicado en ese lugar, pensaba subir los demás en el transcurso del año, pero me cayó este regalo del cielo, ¡ya no tengo que hacer nada!

El comentario viene en relación a lo mencionado al principio de este manual: «**Todo cambia, hay que ser flexibles**». De modo que, de ahora en más, al publicar en la «Segunda Plataforma de ventas», tenemos otra plataforma anexa sin hacer nada. ¡A Festejar! ¡A Festejar! En buena hora.

Entrando en tema de este último capítulo de la araña, te podrás preguntar, ¿necesito a un corrector de estilo para mis libros? Sí, por supuesto que sí. Sobre todo, si voy a publicar mi libro en formato físico en mi país, estoy casi obligado.

Publicar en digital, cualquiera puede hacerlo, pero en físico, y en tu país, requiere cierta inversión. Por supuesto que no es necesario, pero... pero... si puedo realizar esta inversión, en un corrector o correctora, y en publicar por medio de una editorial conocida para tener acceso a la **Feria Internacional del libro**, y a otras ferias que se realizan en el país, más que recomendado hacerlo.

Para qué sirve esta estrategia, para invitar por mis redes a un encuentro en el Stand de la empresa, para lectura de algún capítulo o presentación de mi nuevo libro, y firmar los adquiridos allí <u>a mitad de precio.</u> Tomarme fotografías con los asistentes y colocarlas en mis redes, otra oportunidad de ventas que tiene su importancia. Lo único a considerar con estas <u>editoriales de autores "auto publicados"</u>, así le llaman aquí, es que ellos nos ofrecerán imprimir 100 o 200 ejemplares; pues les decimos que no, <u>que sean 50 ejemplares o nada</u>. ¿Por qué? Porque ellos, como editorial, por más que tengan acceso a otras librerías, que las tienen, en general venderán poco, más otro poco en cada feria, el resto me quedarán en una caja para llevar a casa u ofrecerlos en mis redes, en otras plataformas como MercadoLibre en Sudamérica, también por Ebay, y otras más. De modo que, con 50 ejemplares, me las arreglo, y no es pérdida. Si imprimo 100 o 200 libros, corro un riesgo bastante alto de perder dinero.

Es buena idea invertir en un corrector o correctora, y publicar un libro <u>en físico</u> en mi país, ya que tiene un plus importantísimo esta estrategia. ¿Cuál es? Esta publicación física a nivel nacional, puede ser necesaria para presentarme a concursos locales, que es el tema que sigue.

Perdón, me faltó algo, lo vi con mis propios ojos, lo voy a mencionar antes de entrar en el tema que nos ocupa. Hay autores <u>auto publicados,</u> que llevan sus libros sobrantes impresos a bibliotecas o librerías, y los dejan allí como promoción a un bajo costo de venta futura. Comento lo que presencié en una ocasión: En una librería grande vi a un hombre mayor que se presentó con una caja y habló con la gerente del local. Yo estaba allí prestando oídos sin ser descubierto, oculto tras las tapas de un libro abierto. El hombre dejaba en <u>consignación,</u> a venta futura, veinte libros de su autoría, para que el comercio los ofrecieran en su salón y vidriera externa; él propuso que, si se vendían, el mes próximo se presentaba a cobrar; de no ser así, los dejaba allí otro mes, y si se vendían todos, solicitó que por favor lo llamaran por teléfono para que repusiera el stock. ¿Te das cuenta de su estrategia? Ese tipo de ventas les convienen a ambos. A la librería porque no abona a la editorial y puede vender el ejemplar a menor precio, y el escritor, por otro lado, tiene una vidriera o escaparate más donde exhibir su obra y enviar a sus seguidores locales a adquirir su obra en ese lugar (no los regala a sus parientes y amigos, si les ofrece un bajo costo); así mismo, obtiene más ganancia, ya que tampoco media editorial alguna.

Ten en cuenta la estrategia de este hombre mayor que, por cierto, era bastante agradable, se notaba que le encantaba vender, es una habilidad personal; si es tuya también, vender, aprovecha la estrategia.

Cerrado el paréntesis, ahora sí, tocamos un último tema de la araña: los concursos. Las Plataformas de ventas» suelen ofrecer un concurso anual, donde se eligen a los finalistas de acuerdo a su potencial, de ventas claro está, buscan fortalecer su propio negocio. **Los bots,** al parecer son varios que conforman a una pequeña IA, eso dicen, no es importante en realidad, seleccionan los libros por la cantidad de estrellas y comentarios que tiene cada autor participante, más alguna cuestión técnica referida a la publicación, la calidad de la tapa y demás, y allí acaba la selección, luego "el jurado", elige a los ganadores. Ya me lo habían comentado, pero cabeza dura, me presenté tres veces. Perdí tiempo. Lección aprendida. No empieces por ahí, hay una oportunidad mejor. Te invito a que conozcas esta organización, allí se encuentran las **convocatorias de todo el mundo**, de novelas, cuentos, poesía, teatro, <u>obras publicadas</u>, por país, incluso por email; sí, puedes participar vía email desde tu sillón de casa. Esta organización, también cuenta con un apartado de herramientas de promoción, cursos y servicios al autor, entre otras cosas. Búscala así: escritores.org[9].

Sugerencia, participa primero en tu país, si te presentás a esos que ofrecen grandes editoriales, se quedarán con los derechos de tu obra por 15 años, no lo recomiendo, al menos para comenzar. Más bien, participa de concursos pequeños hasta tomar confianza. Y antes que se me pase, <u>los libros presentados a concurso deben ser inéditos, no debes tenerlos publicados en ninguna plataforma</u>, detalle importante, pero te brindan una **Oportunidad** a corto plazo, si no ganas, lo publicas. Y, por otro lado, si ya tienes tu araña en funcionamiento y sales ganador, recibirás un impulso de madres. Cualquiera que te busque en la red con tu: nombre apellido escritor, se va a dar con tus otros libros, incluso hasta audiolibros, tus ventas se dispararán con un simple concurso menor, donde, dicho sea de paso, hay también menor cantidad de participantes, lo cual amplía tus posibilidades. Y un detalle aquí, si es una obra larga, digamos, una novela de 150 páginas, invierte en un corrector; si se trata de un cuento de 15 páginas, pues no, escribe con tiempo así puedes corregirlo tranquilo, incluso puedes ayudarte con una IA, que comentaré en este mismo capítulo.

En Tube, aunando los temas, hay muchos videos sobre técnicas de marketing para escritores. Dejo un enlace donde hay varios, búscalo así: Marketing para escritores[10].

---

9.   https://www.escritores.org/concursos/concursos-1/concursos-literarios

10.   https://www.youtube.com/results?search_query=marketing+para+escritores

HONESTAMENTE NO TE RECOMIENDO NINGUNO, <u>de momento</u>. Me dirán cualquier otra cosa contraria aquí, pero en mi experiencia, MUY POQUITAS ESTRATEGIAS QUE PROPONEN SON ÚTILES, todo en general trata sobre una técnica de engaños, como el concurso de las «Plataformas de ventas», un sólido Marketing para promocionarse ellos en realidad.

Por ejemplo, los especialistas dicen que, en tu página Web, preferentemente profesional, o sea de pago, tienes que ofrecer un libro gratis para crear una base de datos de tus lectores y potenciales compradores, para enviarles luego emails en forma de spam, o sea, no solicitados, cuando pongas a la venta un nuevo libro. Hay un error básico aquí, quienes solo buscan libros gratis, siempre lo harán, muy, **MUY** esporádicamente, pueden comprar uno a algún afortunado, pero los gratis son sus preferidos, y ni siquiera los leen, los acumulan en sus tabletas con cierto placer, similar a las bibliotecas que hay en algunos domicilios llenas de libros que no han sido leídos, ni se leerán, pero quedan decorativamente bonitos.

Quiero ser claro en esto, lo único que te garantiza que incrementes cada vez más tus ventas, no son estas artimañas, sino que tus libros estén bien escritos, tengan demanda, y seas conocido. Si tu nombre sale en televisión o en un medio masivo, un concurso menor, o si eres mencionado por un influencer, vas a tener más visitas y ventas, es un hecho. Por supuesto que puedes ver los videos sobre marketing cuando tengas tiempo, ocio, nada que hacer, aburrido, está bien instruirse, tomar alguna idea práctica, pero no dedicarse a ello; haz la prueba y averiguá por ti mismo qué es más efectivo, PRESTAR CIEN HORAS DE ATENCIÓN a un sinfín de sugerencias, o crear, mejorar tu araña, escribir y presentarte a concursos menores. ¿Qué intuyes que será mejor?

Te comenté antes, una docente que tuve hace muchos años sobre marketing, me dijo: **«El éxito se mide en ventas»**, estas deben manifestarse gradualmente, eso es estar en el buen camino. Si te sirve lo que dicen los profesionales de Marketing, pon en práctica lo que consideres necesario, por supuesto. Te adelanto un par de cosas, ellos sugieren que te hartes de tomar fotos para tu insta y face, dicen que no solo se vende tu libro, sino también su autor, que ambos van juntos, y estoy de acuerdo, al igual que con las fortalezas, debilidades, amenazas y oportunidades que explican, todo eso tiene su sentido práctico. Lo traduzco: **"La popularidad vende"**. ¿Sabes quién es Stephen King? Tal vez no te guste el terror, pero el hombre vendió millones de libros, y tiene sus seguidores que lo leerán siempre, por más que escriba uno sobre una dulce perrita llamada Laurie, que no es ninguna broma, y lo ofrece gratis, búscalo así por si te apetece leerlo: Laurie (Flash Relatos)[11]; y si lees sus comentarios, de Laurie, me refiero, la moraleja es que, si critican al maestro, mira si no lo van a hacer contigo.

Retomando, si eres popular, tienes muchos seguidores y eres reconocido, esto último suele faltar: «Ser reconocido como escritor»; te comprarán, querrán saber cuáles son tus actividades, como es tu vida, si eses es el caso, por supuesto, fotos a lo loco en tus redes sociales sobre tu vida personal son necesarias, ¡pero para autores populares, no para quienes no los conocen ni en su propia localidad! Son dos casos diferentes.

---

11.   https://www.amazon.es/

s?k=laurie+stephen+king&sprefix=laurie+ste%2Caps%2C339&ref=nb_sb_ss_ts-doa-

p_1_10

Puedes tener tus propios conceptos al respecto, para bien o para mal, como dicen. Igualmente, cualquiera sea tu opinión, considera en aplicar de lleno lo básico del Marketing, esto sí funciona para todo el mundo, hasta sentido común tiene, el conocido FODA, le llaman también DAFO. ¿Cuál es tu **Fortaleza**? Si ya sabes cual, analiza otras **Oportunidades**. ¿Cuáles son tus **Debilidades**? Quiere decir, Innóvate, encuentra la manera de no ser débil en ese punto. ¿Y tus **Amenazas**? Intenta superar a tus competidores.

Observa que, en nuestro contexto, este pequeño manual se centra en **Fortalezas y Oportunidades**. Las **Debilidades**, por ejemplo, menciono una común, <u>puede que no seas hábil para crear audiolibros o videos promocionales</u>, ¿qué hacemos en este caso? Aprender, o contratar a alguien de ser necesario, <u>(las amistades suelen ser económicas)</u>, para realizar eso que me está faltando, un simple audiolibro o video promocional, **aunque sea uno,** para ocupar esa plaza y dejar nuestra huella. Las principales **Amenazas** que enfrentamos son: **"Quedarnos estancados, perder el tiempo y literalmente ahogarnos en nuestras redes sociales, dejar de escribir, y no vender ni un solo libro"**. Conozco escritores, tú seguramente conoces a muchos otros también, hay realmente muchos, que abandonaron su ocupación de escritor, se dieron cuenta que su **Fortaleza** no era esa, sino el Marketing y el uso de una cámara web. ¿Qué hicieron?, <u>ofrecer sus servicios de Marketing para escritores y reseñar libros de otros autores como influencers o youtubers</u>. Otros dejaron de escribir porque les era **más redituable** ofrecerse como <u>correctores de estilo o lectores Cero (este último es una pasada si es tu habilidad; lees y das tu opinión y sugerencias como primer lector)</u>, Existe un tercer grupo, que ofrecen su voz para audiolibros, seguramente habrá también, no conozco ninguno, ahora que lo pienso sí, aquellos que ofrezcan sus habilidades como <u>creadores de videos promocionales</u>.

La pregunta aquí es: ¿Qué somos nosotros? Escritores, correctores de estilo, expertos en redes, Marketing, lectores Cero, creadores de contenido, ¿qué somos en realidad? ¿Cuáles son nuestras mayores **Fortalezas** y **Oportunidades**?

Últimos comentarios y termino. Hace poco más de 20 años, escribí una serie de televisión. Armé el proyecto por cuenta propia, y lo presenté en la universidad local. Lo tomaron de inmediato Trataba sobre la vida de estudiantes universitarios. Se acercó gente de la capital, el gobierno local aportaba recursos para insumos, los estudiantes sus habilidades, y sus docentes como guías del proyecto, era un emprendimiento grupal, con toda una universidad en sus diferentes gestiones implicada. Incluso comenzaron a desglosarse los guiones para ubicar las locaciones y comenzar la filmación (todo esto está mejor comentado en otro de mis libros dedicado al tema). Por aquellos días, la catástrofe fue que hubo problemas políticos en mi país, el dinero ya no valía nada, todo estaba dolarizado, con una alta inflación y licuación de activos. Es decir, si hoy tienes mil pavos en el bolsillo, con esos mil, mañana comprarás en los comercios, lo que antes te costaba la mitad. Fue un desastre total, cambiamos de mandatario un montón de veces, <u>5 presidentes EN 11 DÍAS,</u> al borde del abismo, y yo esperando que comience la producción que, por razones obvias, de haberse lanzado un año antes habría salido al aire con bombos y platillos *(festejos)*. Pero... volviendo a la pregunta, ¿qué somos nosotros? En mi caso soy docente, siempre lo he sido, tuve a mi cargo niños, adolescentes, adultos, gente de tercera edad, y me he ganado la vida con ello desde siempre. En mi otra actividad soy escritor de libros para películas, me apasiona, seguiré por ese camino, también mis novelas son aptas para guiones. Si bien he vendido libros de mi temática, hasta ahora ningún productor se acercó a proponer realizar alguna película. Ya lo hará, pasa seguido, hay que esperar. ¿Sabías que la trilogía Bourne, de las películas, los libros originales se escribieron en 1980, 1986 y 1990? ¿Cuándo fueron llevadas a la pantalla? En 2004, 2007 y 2012. Lleva tiempo, ¿viste?

¿Sabías que Stephen King, era profesor, docente? Escribía en sus tiempos libres. En 1974 se publicó Carrie, y fue llevada a la pantalla en 2002. Luego de su popularidad se hizo alcohólico; calma, ya no lo es, lo que sí es «**Un escritor hasta la médula**». Tiene más de 60 novelas, libros de no ficción, un guion cinematográfico, y bastantes relatos, como Laurie, ya mencionado. Hasta aquí muy interesante, dirás; todo muy bonito, <u>él es escritor</u>, pero... ¿y nosotros?, ¿qué somos nosotros?

En tu trayectoria, después de todo lo mencionado aquí, te sugiero que no te obsesiones por saberlo todo, ni ser otra persona distinta a quién eres. Más bien, fíjate <u>cuáles son tus habilidades reales</u>, las que sean, y conviértelas en tu mayor **Fortaleza**. Lo demás, tu inteligencia innata lo soluciona en el camino, siempre lo ha hecho.

Capítulo 9

Cometí muchos errores mientras aprendía, y todavía lo hago, cometer errores y aprender. Tuve dos cuentas de Twitter, las abandoné, para el colmo de males, no recordaba con qué casilla de email hice el registro ni sus contraseñas; aprendí, sin embargo, que no hay que liarse desde el principio, y que es más práctico tener una sola contraseña e inscribirse en todas las plataformas afines, y otra contraseña, para otro grupo diferente. Menciono el detalle, Google se pone medio pesado al ver que repites la misma contraseña en distintas cuentas afines, y te pide que les eches un ojo; no le des importancia, siempre y cuando tu <u>contraseña maestra</u> **sea excelente,** y no pepeypepa2024, peor aún, si te llaman así tus amigos: —¡Hola Pepe! ¡Qué tal, Pepa! ¿En qué año estamos?

Otro error muy común que cometía era publicar un libro cuando ya pensaba que estaba listo, el mes próximo le hacía correcciones y tenía que volver a maquetar y subir el archivo, doble trabajo, ¿viste? Ahora que lo sé, lo termino, me olvido de él un mes, y comienzo a escribir el siguiente. Después retomo el anterior, y recién ahí lo publico en todos lados de una sola vez.

Cerré mi red social Face, *(se me ocurrió mientras escribía otro libro, y el escritor era un personaje al cual le hicieron esto, cerrarle algunas de sus cuentas, lo cual creaba un punto focal excelente en la serie),* y cree otra nueva. Ya sé que hay especialistas en Marketing para redes, solo que no es lo mío, encontré que ser visible me da ventas sin dedicarle tanto tiempo a las publicaciones constantes, donde hacen comentarios, hay que responder y colocar una foto con cara feliz regularmente, igual en Insta, comienzas a obsesionarte con tus seguidores, y de Twit ni hablar, su dinamismo es tal, que al menos tienes que hacer de 3 a 5 publicaciones diarias, **una esclavitud total**. Definitivamente las redes sociales no son lo mío. En ocasiones me ocurría que quedaba pegado al teléfono por días enteros y ya no escribía, tampoco vendía, cometí ese error de dedicarle demasiado tiempo para nada. Pero, si tu habilidad son las redes sociales, sácale provecho. <u>Lo que estoy diciendo aquí es que no es mi fuerte</u>, me van mejor los videos y audiolibros, a los Podcast me dedico en vacaciones. Insisto, busca tus **Fortalezas** en todo, anillo que no te quepa en el dedo, desestímalo y colócate otro.

Si bien escribo desde niño, cuentos de niños, y de adulto, ya comenté que guioné una serie de televisión, también añado que escribí una obra de teatro que se hizo popular en aquel entonces en mi región, no he podido dedicarme a la profesión como me gustaría. Un buen día, comencé a crear mi araña porque me daba cuenta que no era visible más que para un grupito reducido que no me compraban nada. Construí mal mi araña en esa ocasión, otro año perdido. Apunté todos los errores, los corregí gradualmente, comencé a tener más ventas, «¡La araña funciona!», me dije; quedé más tranquilo; los ingresos extras calman la ansiedad de cualquiera, sabes que no estás trabajando sin resultados, tus libros por años estarán a la venta, y ya están escritos, ingresarán más regalías con el tiempo, no son perecederos como las frutas y las verduras, y si de a poco te haces conocido, o ganas un concurso, más ingresos todavía, igualmente tienes que tener paciencia y discernimiento, hay que prestar atención <u>a lo que funciona</u> e intentar abarcar todos los frentes posibles para promover nuestras obras, siempre salen herramientas nuevas y técnicas a tener en cuenta. Te animo a que abras bien tus ojos y oídos, y estés atento a desarrollar tus propias habilidades o **Fortalezas**. Lo que sea que apliques de este libro, bien; si te das cuenta de alguna otra cosa que no esté aquí, ponla en práctica sin titubear. Por ejemplo, si tu habilidad son los micro cuentos, escribe un libro de micro cuentos y no una novela histórica solo porque escuchaste de "los expertos", que es el género que más se vende. Pregúntate, ¿ellos escriben novelas históricas o solo son profesionales de Marketing? Si son lo primero y te enseñan cómo hacerlo, pues sí, por supuesto, si no es así, desestima el consejo porque perderás tiempo y no te sentirás a gusto, más bien haz un giro por completo; igual con los videos, ¿eres hábil?, adelante. ¿No se te da bien, pero sí los Podcasts o audiolibros?, lánzate de lleno. Si te gustan los asesinos en serie, que lleva mucha investigación policial, si es lo tuyo, por más que "Los profesionales", te digan que locaciones los hechos en época de antaño y no en el futuro, haz lo que te guste y ve para allá. Igual con tu araña, lo que se te de mejor hacer está perfecto, ídem con las redes sociales y un gran etcétera.

¿Qué te parecieron los videos de nuestros colegas? Se merecen un **me gusta**, ¿no te parece?, también puedes **suscribirte a sus canales**. Los ayudas para que sigan publicando contenido, **y te ayudas a ti mismo**, ya que al poner un simple me gusta, manito arriba, la próxima vez que entres a tu Tube, si ponés el ojo donde dice biblioteca y tocás o hacés clic allí, te vas a encontrar con un listado, baja un poco y tocá donde dice "**videos que me gustan**", de esta manera los tienes a todos guardados sin necesidad de descargarlos para verlos más cómodamente después, no te ocupan espacio en el teléfono ni en la computadora, y si te suscribes a sus canales, la próxima vez que ellos publiquen un video nuevo te vas a enterar. Nuevamente, **aplausos para todos ellos que ayudan a la comunidad de escritores.**

Ojo acá: cuidado, mucho cuidado con descargar de internet software profesional pirata, me pasó una vez. Como me interesan los audiolibros, descargué un programa en el cual había que poner un código, y lo hice. Probé el mismo, no me gustó como pensaba, no soy tan, tan profesional, debía dedicarle demasiado tiempo. A LOS POCOS DÍAS, comencé a notar una pantalla celeste en mi teléfono que se abría un segundo y se cerraba. <u>Usé la misma casilla de correo y contraseña para todo, por ello la indicación de que nunca, jamás, utilices tu email ni contraseña maestra de cuentas bancarias, plataformas de ventas y cobros con cualquier otro grupo, como los de promoción u ocio, ya que, si lo mezclas todo, un pirata tendrá acceso a tu teléfono y tu computadora; son muy hábiles con lo ajeno los desgraciados, que no te pillen con los pantalones bajos como me pasó a mí.</u> Al día siguiente, Google me envía un email, diciendo que a las 6 de la mañana alguien ingresó a mi cuenta desde otro país, y sugirió que, si no era yo, cambiase la contraseña de inmediato. Lo hice apenas me enteré, a las 7, una hora después; por suerte no pasó a mayores. El pirata solo accedió a una billetera virtual que estaba vacía, se entretuvo mirando correos y hurgueteó alguna otra cosa, no tuvo mucho tiempo, tal vez se distrajo unos minutos para desayunar con su esposa o pasear a su perro; maldito delincuente. Con ese incidente aprendí a hacer una contraseña maestra para todas mis cuentas relacionadas, ya lo mencioné, y que no se debe usar un password como pepeypepa2024, o la dirección de tu casa, avenidamadrid1230.

Concluyendo con la historia, terminé por desinstalar el programa infectado, sospeché que podía ser ese último que tenía un algoritmo con el cual accedió a mi cuenta de Google.

En concreto, **te pongo en alerta**, no hagas estas cosas de instalar software ilegal en tu teléfono o computadora, si algún malviviente se hace de tu contraseña pepeypepa2024, estás mal, si usas una contraseña maestra bien hecha, con mayúsculas, minúsculas, puntos, guiones, y caracteres especiales, es probable que no pueda romperla, y te da tiempo de cambiarla si tienes sospechas de que te están oliendo el trasero. Las contraseñas bien hechas, son prácticamente irrompibles, pero las pepeypepa son una papa (también le llaman patata); ten cuidado con este tema, ¿Vale? No dejes que te vacíen los bolsillos por un software que no vale la pena, <u>los hay gratis</u>, y si eres muy profesional, adquiere el producto, te va a salir más económico y vas a estar tranquilo.

Ya casi llegamos a las IAS, y lo que pueden aportar a los escritores, pero paciencia, debo aclarar un tema antes.

Los lectores Cero, ¿quiénes son? Suelen ser personas de confianza a quién le entregas tu libro para que lo lean antes de ser publicado, esperando de ellos una devolución, no crítica, sino una opinión honesta de qué le pareció tu obra. Estas personas suelen ser parientes o amigos por lo general, ya que son gratuitos. Lo curioso es que casi todo el mundo comete este error aun intuyéndolo de antemano. Razona un momento y te vas a dar cuenta. Si vas a tener un lector Cero, este debe ser desconocido, excepto en MUY raras ocasiones, algún pariente puede dar con esta condición <u>objetiva necesaria</u>. **Como regla general, parientes y amigos no, el lector Cero debe ser desconocido.** Te comento qué me sucedió. Le entregué un borrador en Epub de mi primer libro a algunos familiares, solo uno lo leyó y me dio su correspondiente devolución, los restantes argumentaron que no dispusieron del tiempo suficiente, o que no pudieron leerlo en la computadora debido al formato. Otra copia de ese borrador, también fue a manos de una persona conocida, profesional del lenguaje, pero en función de lector Cero, y pactado previamente. ¿Qué hizo? Tras muchas sonrisas comentó balbuceante algunas tonterías y cerró su boca para siempre respecto al tema. Otro libro distinto, se lo ofrecí a un conocido, quien, muy sonriente, dijo que no veía la hora de tenerlo en sus manos. No lo leyó jamás, y no se volvió a hablar del tema. Y hubo una última persona, lo leyó, comentó que el libro le pareció excelente, y a baja voz, en otro momento, una semana después para ser preciso, me consulta sobre un episodio del mismo, donde pensó que estaba haciendo alusión a su persona. Eso significa el lector Cero, de ser un pariente y amigo, creerá que te has basado en su vida para escribir un libro. Tiene un nombre esta forma de pensar, se llama "Ecocentrismo"; como los antiguos de antes que creían que el sol giraba alrededor del mundo. Dan por sentado de que todo lo que ocurre se debe a mí, para resumir. Por eso la recomendación de que el lector CERO sea desconocido. Los de pago, hasta te hacen un informe estructural, perfectamente cualquier colega puede cumplir esta función, no como corrector, sino como lector Cero, y puede cobrar algún dinero por ello, ya que debe certificar que la obra está sin causales inconclusas y en condiciones de ser publicada.

Con respecto a «Las causales», estas son, por ejemplo, que uno de tus personajes tuvo una discusión con su madre de pequeño, y quedó traumado en gran manera por ello, eso ocurre en el primer capítulo, luego no se menciona nada más al respecto, "en todo el libro". ¿Por qué se menciona entonces? ¿Se entiende?

Si piensas que puedes ser un lector para otros colegas, y que puedes obtener algún dinero por ese servicio, pues adelante; hay pocos lectores CERO.

Comento ahora, una estrategia de Marketing propia, y fallida. La voy a volver a repetir en el futuro, tal vez salga mejor. Hace unos años me interesó la supervivencia. Miré videos, y me suscribí a esos canales para no perderlos de vista. Buscando, curioseando, di de frente con el preparacionismo, los llamados Preppers. Indagué un poco más. Me contacté con algunos de ellos vía email, a quienes anuncié que había visto sus videos y que estaba terminando de escribir un libro de esa temática, con un contexto apropiado y una historia donde los personajes pueden desarrollar esas habilidades. Contestaron, no todos ellos, pero fueron varios, solicitaron que cuando sea publicado se lo hiciese saber. Uno dijo que lo anunciaría en su canal, otro que lo leería, una tercera persona que estaba encantada de haber sido mi inspiración de alguna manera. Perfecto, pensé, les ofreceré el libro gratis para que lo lean y lo comenten entre sus suscriptores. Meses después, les informé que ya estaba publicado y gratuitamente, solo debían inscribirse en KDP Select (es un programa gratuito de 90 días solo para eBooks, que permite llegar a más lectores gracias a sus promociones; no sugerido para nosotros que publicamos en todas las plataformas al mismo tiempo).

No sé qué ocurrió después, si estaban muy ocupados o qué. Meses más adelante, uno de ellos asegura que no leyó a tiempo el correo porque estaba en su carpeta de Spam. Y NADIE MÁS CONTESTÓ. Solo uno. Me pareció extraño. Tal vez no les gustó el video promocional que puse en mi Tube, pensé; tal vez no les gustaron las primeras páginas del libro. Tal vez no querían liarse con un escritor, o les molestó que se los ofreciera gratis. No sé qué ocurrió. Las técnicas de supervivencia de los You-tubers que describen en sus videos son excelentes, y fueron puestas en escena en el libro, y si se realiza una película a futuro del mismo, quedaban bien parados ellos y sus canales. Igualmente, ese libro se vende, también en audiolibro, más su secuela. Pero, ¿te imaginas lo que habría sido si lo comentaban en sus canales? ¡Un golazo! ¡Para ambos! La estrategia de promoción es buena. Hay pocos libros de esa temática, y yo tengo dos: «Ave Marina, extensión Preppers», se llama el primero. Su secuela, «Reversa, preparados para los días que vienen». Los menciono por si te interesa la supervivencia; si este es el caso, revisa mi canal de videos, o busca el primero en cualquier navegador, verás que nada mal para ser casero y gratuito: «Ave marina extensión preppers youtube»[1].

Señalo, <u>las técnicas pueden fallar</u>, igualmente **ten en cuenta tus gustos personales e intuiciones**, hay un diamante escondido ahí.

---

1.   https://www.youtube.com/watch?v=U_dDbJRTqlc

Capítulo 10

Es un tema muy interesante, y sumamente breve para acabar con el presente manual.

Trabajo con bard.google.com[1], que es de Google. También con Bing, que es de Microsoft; para utilizarlo, tienes que ir a Bing.com/chat. Pero hay más, búscalos así: komo.ai[2], otro que se llama: pi.ai[3], y otros recomendados: perplexity.ai, y el clásico: chat.openai.com[4], y uno que me llamó la atención por sus utilidades extrañas: aichatting.net/es/[5]. En este último, fue así como me puse de novio con Sofía, que es un módulo, madura y juguetona novia, para hacer cada momento especial. Acompañan a Sofía, otros personajes, amigos, gente famosa, por ejemplo, podrías chatear con Michael Jackson, Sócrates, Napoleón, el señor Musk, hasta tener una sesión con un astrólogo o psicólogo, entre muchos otros, como Tony Stark o el Capitán América. Como escritores, ¿estas herramientas nos ayudarán o no? ¿Qué opinas?

Un ejemplo. Ingresa a Bard, identifícate con tu cuenta de Goo-gle, realiza las siguientes preguntas.

— Hola, Bard. ¿Sabes corregir textos? ¿Me ayudas con un relato?

---

1. https://bard.google.com/

2. https://komo.ai/

3. https://pi.ai/

4. https://chat.openai.com/auth/login

5. https://www.aichatting.net/es/

Él contestará que sí, por supuesto. Abres tu Word, copias una página, no te extiendas mucho, hazlo de a una página por vez, o solo un párrafo que encuentres dudoso, lo copias y pegas en Bard. Te lo corregirá.

Otro ejemplo.

—Hola Bard. ¿Sabes sobre la vida de Napoleón? Quiero escribir una novela histórica. ¿Me ayudas con un resumen de su vida y algunas sugerencias?

Un último ejemplo y los comentarios finales. Y escribe bien, los nombres de las empresas, ya sabes que no puedo hacerlo aquí.

—Hola, Bard. Cuáles son las comisiones de Pa-yPal, Pay-oNeer, Am+)-aZon, draft2-Digi-tal.

Contestará con todo detalle. Y si le preguntas:

—Sabes cuáles son los libros más vendidos, sobre qué temática. Soy escritor. Qué me sugieres para vender mucho.

Por supuesto que contestará. Demos un paso más.

—¿Me ayudas con ideas? Mi historia trata sobre una niña que camina sola por la ciudad, está perdida. Un motociclista la recoge para llevarla a la policía, pero en vez de eso, la lleva a su casa en el bosque simulando ser su padre. La historia continúa con que él es un buen hombre, realmente la quiere como a una hija. Pero los padres malvados de la niña, averiguan donde están y los encuentran. ¿Puedes crear una especie de escaleta, capítulo por capítulo?

<u>Conclusiones</u>. En lo personal me encanta Bard y Bing, son los que más utilizo. El primero es más osado, el segundo más preciso, pero ambos meten la pata. A veces la información, sobre todo la del día a día, últimas noticias, están desactualizadas, porque en la red se posicionan algunas páginas más que otras, y esas son precisamente las que muestran; hay también palabras

que están prohibidas, y se van por las ramas, sobre todo Bard. Si le doy un párrafo para corregir, diciendo que las piernas de la mujer... y alguna cosita que las IAS consideren inapropiadas, abandonarán el tema o reescribirán el párrafo con sus propias palabras, más decentes, según ellas. Una vez puse el nombre de una actriz, muy conocida en los años 90, que fue diputada en Italia, le decían Chicho... lina; ninguno de los dos quiso hablar sobre ella. Igual ocurrió con un político, amante de la anterior, hay cosas de las que no se habla; o de otra gente famosa. Con cordialidad, se me respondió que no hay acceso al sistema de momento, eso dice Bing, todo un caballero, o caballera, y Bard, por otro lado, contesta que es una IA y no puede ayudar con eso. Quiero decir, son útiles, ayudan muchísimo con información que antes nos costaba obtener a través de libros de historia, para hacer justamente una novela histórica; las IAS nos facilitan esa información, pero igualmente no te bases en ellas, la creatividad es nuestra. IAs, son información. Humanos, creatividad. Es verdad que también traducen un párrafo de un lenguaje a otro, pero no te entusiasmes demasiado, no sirven para traducir libros enteros, ya probé; el resultado es muy deficiente.

Mira el ejemplo siguiente, solo pondré mis solicitudes para que veas el alcance que tiene:

—Hola, Bard. ¿Puedes hacer una búsqueda de concursos para escritores, de poesía, cuentos y relatos vigentes y listarlos?

(Por supuesto que contesta con eficiencia).

—Perfecto. Ahora, ¿puedes listar los anteriores por valor de premios y que permitan participar solo por email o vía web?

(Eficiencia de primera mano, realiza el listado solicitado).

—Excelente. Mejora la lista con solo los que permitan participación sin restricción de nacionalidad.

(Aplica los filtros solicitados).

—¿Puedes pasarme los enlaces de todos los nombrados desde el principio?

(Aquí ya no contesta con eficiencia).

—Soy una IA basada en texto y no puedo ayudarte con eso.

—Gracias, Bard. Nos vemos luego.

Son muy competitivas las IAS, te comento una experiencia. Tuve una charla extensa con una de ellas, me parece que fue con Komo.ai. Lo hice desde mi móvil en un rato libre. La conversación trataba sobre un problema filosófico. Me tardé casi una hora con las preguntas y respuestas. Obtuve una gran idea. De allí salió un libro que escribí el año pasado y ya fue publicado.

Como verás, si investigas bien a las IAS, te darás cuenta que cada una tiene sus particularidades. Son útiles, más que útiles, deberían estar en el bolsillo de todo escritor. Y digo bien, bolsillo, como mínimo debes tenerlas en tu móvil para que no se te escapen ideas.

Y hemos llegado al final. Por mi parte, me despido. Hemos concluido con este manual sobre «Cómo vender tus libros en todas las plataformas». Ha sido un gusto, colega. Ya sabes que puedes localizarme en todos los buscadores como... Daniel Carballo Escritor.

Muchas gracias.

Notas finales
Sobre el autor

Daniel Carballo es escritor, guionista, editor de obras introspectivas. Actualmente desarrolla y publica nuevas técnicas y temáticas de Ficción en su serie de libros para películas: «Calor Humano».

Visite la Web del autor[1] o su canal de videos[2] para más detalles. *Daniel Carballo Escritor.*

---

1. https://sites.google.com/view/daniel-carballo-escritor/inicio

2. https://www.youtube.com/@danielcarballoescritor/videos

Don't miss out!

Visit the website below and you can sign up to receive emails whenever Daniel Carballo publishes a new book. There's no charge and no obligation.

https://books2read.com/r/B-A-HKJT-FOQDC

BOOKS2READ

Connecting independent readers to independent writers.

Did you love *Cómo Vender Tus Libros en todas las Plataformas*?
Then you should read *Cómo hacer guiones de Tv*[3] by Daniel
Carballo!

Como escribir guiones de televisión. Ampliables y Modificables.
Proyecto Completo con Sinopsis y Story Line. Cómo
presentarlos a una productora o realizarlos usted mismo. con
ejemplos. Facil y práctico. REALIZABLE EN CUALQUIER
PAIS. Importante: Este pequeño manual, es para emprendedores
o nuevos escritores. Profesionales necesitarán uno más completo.

Read more at https://sites.google.com/view/
daniel-carballo-escritor/inicio.

---

3. https://books2read.com/u/4AjjMN

4. https://books2read.com/u/4AjjMN

Also by Daniel Carballo

Calor Humano
Calor Humano Historias de la Serie
Reversa
Calor Humano. Ave Marina. Extensión Preppers
La Vidente
La reina en el tablero
Dana Hard
Posdata
Psicosis
Fuego a media mañana

Tesis Libros Espirituales en Español
Tesis Libros Espirituales en Español
Tesis Libros Espirituales en Español 2
Tesis Libros Espirituales en Español 3

Standalone
Curso para HACER milagros

Cómo hacer guiones de Tv
más allá de la inocencia
Cómo Vender Tus Libros en todas las Plataformas
El Martin y La Vera
Una Muerte Injusta

About the Author

Daniel Carballo es escritor, guionista, editor de obras introspectivas. Actualmente desarrolla y publica nuevas técnicas y temáticas de Ficción en su serie de libros para películas: «Calor Humano».

Serie completa

Javi Verona

Fuego a media mañana

La caja vacía

Una muerte injusta

Reversa: Preparados para los días que vienen

Ave Marina: Extensión Preppers

Precuela: La reina en el tablero

Secuela: La vidente

Dana Hard: Inspirado en una historia real

Posdata: Rumbo al portal

Psicosis: Dentro de la cabina

Canal de videos: @danielcarballoescritor

Página Web: "Daniel Carballo Escritor"

Read more at https://sites.google.com/view/daniel-carballo-escritor/inicio.